Rudolf Geiger

»... vergnügt bis an ihr Ende ...«

Rudolf Geiger

»... vergnügt bis an ihr Ende ...«

Ein Leben
mit Märchen.
Erfahrungen
und Einsichten

MAYER

Inhalt

Anhang

Vorwort

Wenn Rudolf Geiger (1908–1999) mit seiner warmen Stimme und der markigen und doch weichen Sprache bedächtig, liebevoll oder auch leise dramatisierend seine Märchen erzählte, konnte die Umwelt versinken. Er suchte die Inhalte mit sichtlichem Behagen erzählend nachzuschaffen, und der Zuhörer fühlte sich dabei unwillkürlich an die Hand genommen und in die Märchenwelt entführt. Rudolf Geiger wußte: Beim Märchenerzählen lebt der Zuhörer mit, was die Märchenhelden zu erdulden, zu erleiden, zu überwinden haben, auch, wo sie versagen oder neu beginnen müssen. Das Geheimnis seiner Wirksamkeit lag wohl darin, daß die Märchen ganz Teil seines Wesens geworden waren. »Ich lebe im Märchen, das Märchen lebt in mir«, sagte er von sich selbst. »Dann beginnt das Erzählen, wird gesprochenes Wort, geformte Kraft und Geste – es gewinnt Flügel, es äußert sich.« 1990 wurde Rudolf Geiger der Märchenpreis der »Märchenstiftung Walter Kahn« verliehen.
Noch zu Lebzeiten war Rudolf Geiger von dem Verleger Johannes Mayer gebeten worden, seine Erfahrungen, sein Leben im Umgang mit den Märchen niederzuschreiben. So erscheint nun sein nachgelassenes Werk. Es sind Wort gewordene Erfahrungen, leise Wegweisungen, Anregungshilfen. Sie wollen nicht einer Verbreitung des Märchens dienen, sondern einer Vertiefung. Gleichwohl werden seine Schilderungen manch einen dazu anregen, wieder einmal nach den Märchen der Brüder Grimm zu greifen.
So erfährt man von der Art des Erzählers, sich ein Märchen anzueignen und es wieder und wieder von neuem entstehen zu lassen »wie am ersten Tag«. Der Leser kann sich erfreuen an den Erlebnissen mit großen und kleinen Zuhörern, die oft spontan reagieren, und erhält zugleich Antwort auf viele Fragen: Was hat es mit den »Grausamkeiten« im Märchen auf sich? Darf man ein

Märchen verändern? Wie steht es mit der Worttreue der Alten, und wie geht der Erzähler selbst damit um? Geiger hält es mit den Brüdern Grimm, denen es bei ihren Nachschriften der mündlichen Überlieferungen immer auf »Treue und Wahrheit« angekommen ist. Sie beteuern, daß sie aus eigenen Mitteln »nichts hinzugesetzt, nichts verschönert« haben. Jede Eigentümlichkeit, die sie bemerkten, haben sie zu erhalten gesucht. Sie wußten, daß die Erzähler, die sie aufsuchten, ein untrügliches Gedächtnis hatten. In diesem Zusammenhang weisen sie auch darauf hin, daß es beispielsweise den Galliern nicht gestattet war, die überlieferten Gesänge niederzuschreiben, während man sich sonst durchaus der Schrift bediente. Cäsar meinte, daß man damit verhüten wollte, »im Vertrauen auf die Schrift leichtsinnig im Erlernen und Behalten der Lieder zu werden«. Auch sonst herrschte im Altertum vielfach die Befürchtung, daß die Erfindung der Schrift für das Gedächtnis von Nachteil sei, weil es dadurch nicht mehr im gleichen Maße gefordert sei.

»Räumt man den Überlieferungen wissenschaftlichen Wert ein«, sagen die Brüder Grimm in ihrem Vorwort, »das heißt, gibt man zu, daß sich in ihnen Anschauungen und Bildungen der Vorzeit erhalten, so versteht sich von selbst, daß dieser Wert durch solche Bearbeitungen zugrunde gerichtet wird. Jede Bearbeitung, welche Einfachheit, Unschuld und prunklose Reinheit wegnimmt, reißt sie aus dem Kreise, welchen Märchen angehören.«

Gerade an Reaktionen von Kindern zeigt Geiger, wie sie die kernige Märchensprache lieben, wie sie ihre Freude daran haben, wie sie sich darin wohlfühlen. Vergnügt wiederholen sie Wortschöpfungen wie »Hunkepuus« oder Bricklebrit« und schnell können sie Verschen auswendig: »Heute back ich, morgen brau ich, übermorgen hol ich der Königin ihr Kind. Ach wie gut, daß niemand weiß, daß ich Rumpelstilzchen heiß!« Den Versen im Märchen widmet Geiger ein besonderes Kapitel und spricht hier treffend vom »Biß der Sprache«. Wie leer klingt es da, wenn

Rumpelstilzchen in einer Bearbeitung* um das Feuer »herumtanzt« – während es doch »um das Feuer sprang, auf einem Bein hüpfte und schrie« – und statt des rhythmisch-markigen allvertrauten Versleins den »Singsang« hören läßt: »Ich sing und schwing im Tanz das Bein, denn das Königskind ist mein. Soll das Mädchen Boten senden, sie kann das Blatt doch nicht mehr wenden. Ach, wie gut, daß niemand weiß, daß ich Rumpelstilzchen heiß!« Die ganze Märchen-Atmosphäre wird hier in einer noch dazu unbeholfenen Sprache zum Erlöschen gebracht. Die gewollte Bearbeitung in dem hier angeführten Beispiel betrifft aber nicht nur die einprägsamen Sprüche in den Märchen. Wenn im »Rumpelstilzchen« die Müllerstocher vom König in eine Kammer geführt wird, die ganz voll Stroh ist, das sie bis zum Morgen zu Gold verspinnen soll, heißt es bei Grimm: »Da saß nun die arme Müllerstocher und wußte um ihr Leben keinen Rat, denn sie verstand gar nichts davon, wie das Stroh zu Gold zu spinnen war, und ihre Angst ward immer größer, daß sie endlich zu weinen anfing.« Sie wußte um ihr Leben keinen Rat! – damit ist alles gesagt. Völlig entmystifiziert klingt da die moderne Fassung, die da sagt: »Schwermütig starrte das Mädchen auf das Stroh. ›Morgen wird der König mich auf ein Pferd setzen und wieder nach Hause schicken.‹ Eine ganze Weile später starrte sie immer noch auf das Stroh und sie seufzte.«

Wenn die junge Frau in »Rapunzel« ganz »lüstern wurde und das größte Verlangen empfand«, von den Rapunzeln in Nachbarsgarten zu essen, »... da dachte der Mann, der sie gar lieb hatte, ehe du deine Frau sterben läßt, holst du ihr von den Rapunzeln, mag es kosten, was es will.« In der Bearbeitung steht statt dessen zu lesen: »Der Mann war ganz verwirrt. ›Bist du verrückt geworden?‹, sagte er. Ich müßte über die Mauer in den

* Jane Ray, *Die schönsten Märchen*. Nacherzählt von Berlie Doherty. Aus dem Englischen, Stuttgart 2000.

Garten der Hexe steigen ...« Aber weil es schien, »als sei seine Frau tatsächlich verrückt geworden vor Verlangen«, klettert er dann doch in den Garten der Zauberin.

Nachdem im »Froschkönig« der Prinzessin von ihrem königlichen Vater befohlen wird, den Frosch herein zu lassen, sitzt er auf dem Tisch und sagt: »›Nun schieb mir dein goldenes Tellerlein näher, damit wir zusammen essen‹, und der Frosch ließ sich's gut schmecken, aber ihr blieb fast jedes Bißlein im Halse.« Als sie ihn schließlich auch mit in ihre Schlafkammer nehmen muß, »da packte sie ihn ganz bitterböse mit zwei Fingern und trug ihn hinauf, und als sie im Bett lag, statt ihn hineinzuheben, warf sie ihn aus allen Kräften an die Wand und sprach: ›Nun wirst du Ruhe haben, du garstiger Frosch!‹ Was aber herunterfiel, war nicht ein toter Frosch, sondern ein lebendiger junger Königssohn mit schönen und freundlichen Augen.«

In der Bearbeitung sah der »Frosch sie mit seinen feuchten Augen an und verschlang das Essen von ihrem Teller«. Als sie ihn dann mit in ihre Schlafkammer nimmt, »hielt sie ihn mit ausgestrecktem Arm weit von sich, und im Schatten der Kerze baumelten seine dünnen Beine und seine Augen leuchteten wie tiefe runde Brunnen«. Dann schaut der Frosch sie nur an und »schluckt und zwinkerte«. Als sie am nächsten Morgen erwacht, ist er verschwunden. So geht es noch zweimal. Auch wirft sie ihn nicht an die Wand. Nach der dritten Nacht steht dann einfach der Prinz neben ihrem Bett.

Diese Beispiele mögen genügen deutlich zu machen, wie geistlos heute oft mit der Sprache umgegangen wird. »Der Wind, der Wind, das himmlische Kind«, sagen Hänsel und Gretel auf die Frage der Hexe, wer an ihrem Häuschen »knupert«. Das weht unbeschreiblich geheimnisvoll ums Herz. Was ist dagegen die Antwort: »Es ist nur ein Mäuschen«?

Jedem Märchenkenner muß es weh tun, solcherart verkrampfte Veränderungen der bekanntesten Grimmschen Märchen zu lesen. Gerade der Vergleich einiger Passagen zeigt, wie in der Urfassung in markanten, oft ganz eigenschöpferischen Worten sogleich Bilder vor dem inneren Auge aufsteigen und einen mit Wärme erfüllen, so daß man wohl nachvollziehen kann, wenn gesagt wird, daß Märchen »Seelennahrung für die Kinder« sind.

Für Rudolf Geiger waren die Märchen ein Lebenselement, das ihn durch neun Jahrzehnte intensiv begleitet hat. Als Erzähler hat er an sich selbst erfahren, daß sie ein sich immer erneuernder, unausschöpflicher Schatz bleiben, vor allem dann, wenn man sich tief in die Märchensprache einlebt und damit umgeht.

Das sorgfältig vorbereitete Manuskript wurde von der Lebensgefährtin Annemarie Geiger aus dem Nachlaß zusammengestellt. Aus Rudolf Geigers Dankrede anläßlich der Verleihung des Märchenpreises der Stiftung Walter Kahn, die auch in das Buch aufgenommen wurde, seien die bewegenden Schlußworte hier an das Ende des Vorwortes gestellt. Dort sagt er:

»Man sagt, die Märchen überdauern uns. Was heißt das? Die schöne Formel ›... und wenn sie nicht gestorben sind, so leben sie noch heute‹ möchte ich abwandeln und sagen: Wenn ich gestorben bin, hoffe ich, all den vertrauten Gestalten in meinem Lebenspanorama wiederzubegegnen – und noch viel lebendiger und wesenhafter, als sie in meinem erzählten Wort leben konnten. Ich möchte begegnen der Gänsehhirtin am Brunnen, dem Königssohn aus dem Wasser des Lebens, dem Mädchen, das seine Brüder, die sieben Raben, sucht, dem Sterntalerkind, Lenchen und Fundevogel und Hans im Glück, dem Künstler des Verzichtes. Sie leben in mir, ich lebe in ihnen. Sie bleiben bei mir und begleiten mich. Wir sind eins über den Tod hinaus. Sie gehören zu meiner Individualität.«

Roswitha von dem Borne

Vom Wesen des Märchens

Versuch einer Annäherung in Fragmenten

Was ist ein Märchen? Leichthin gesagt eine Geschichte, die wie andere auch mit Elementen der gewohnten alltäglichen Welt beginnt, und doch ereignen sich bald ungewohnte, wunderbare Dinge.

Sehen wir uns zunächst eine »gewöhnliche« Geschichte an.

Bricht in einer gewöhnlichen Geschichte plötzlich eine unerwartete Wendung ein, sei es zum Schlimmen oder zum Guten, so spricht man gern von einem Zufall. »Zufall«, das sind seltsame Fügungen im Alltäglichen. Sie erweisen sich dem Verstand als unerklärlich, wir haben kein Organ dafür, sie müssen hingenommen werden. Der Zufall, hintergründig und unvorhergesehen, kann verwirrend in die natürliche Welt hereinblitzen. Vielleicht erweist er sich, im Nachhinein besehen, sogar als gerecht und ein Ereignis zurechtrückend. Weise Menschen sagen, daß es keinen Zufall gibt, was geschieht, hat seine Richtigkeit und seinen Sinn und Grund, auch wenn man dies zunächst noch nicht erkennt. Kurz: Die gewöhnliche Geschichte bleibt bei allem Zufall im gewöhnlichen Erdenfeld haften, bodenständig, und nicht selten mit tragischem Verlauf.

Im Märchen gibt es keinen Zufall, im Märchen gibt es Gestalten. Im Märchen ereignen sich meist schon nach kurzem Verlauf außergewöhnliche Begegnungen, die staunenswert genug sind. Für den Märchenhelden selbst werden sie zumeist zu glückhaften, selbstverständlichen Hilfen, wenn er sich in ehrlicher Absicht auf seinen Weg begibt. Er erlebt die Wesen einer anderen, überirdischen Sphäre, die sein Dasein, seine Vorhaben begleiten, ja prüfen. Er hat es nicht mit nebulos bleibendem »Zufall«, er hat es mit Gestalten zu tun, die er sieht, die sprechen, mit denen er spricht, die wissend eingreifen, hemmend oder fördernd, begabt mit übermenschlicher magischer Kraft.

Was also im Märchen geschieht, geschieht auf einer eindringlich veränderten Ebene. Wir sind nicht mehr in der äußeren, sondern in einer inneren, einer verinnerlichten Welt. Es ist keine Tagessonne, die scheint, und die Tage und Jahre des Märchens sind nicht im Kalender abzulesen: »... denn die drei Tage, die er auf dem Glasberg zugebracht hatte, waren drei lange Jahre gewesen«, heißt es im »Trommler«. Auch lassen sich die Begebenheiten des Märchens an keinen Ort der Landkarte festlegen, sie sind innermenschlich und gelten allerorten, sind nicht an Dorf und Stadt gebunden, sondern einzig an Menschen. Die »Bremer Stadtmusikanten« widersprechen dem nicht, auch wenn sich Bremen mit dem Denkmal von Gerhard Marcks ihrer rühmt. Das Märchen sagt nicht, daß die vier Musikanten je in Bremen angekommen seien. Selbst die sparsam auftretenden Namen der Heldinnen und Helden mitteleuropäischer Märchen haben ihre Besonderheit: Sie zählen nicht für das Einwohnermeldeamt. Sie charakterisieren das Wesen ihrer Träger, deuten auf ihre spezielle Eigenart. Ein »Hans« im Märchen ist ein Werdender, erst wenn er das »Jo«, das reine selbstlose Ich dazu gewonnen hat, wird er ein Vollendeter. Der treue Johannes in dem gleichnamigen Märchen der Brüder Grimm hat eine höchste Stufe der Weisheit und Opferkraft erreicht: Selbstlos dient er dem jungen König, auch auf die Gefahr des Todes hin. Anders Hänsel in »Hänsel und Gretel«. Er ist noch jung, und auf dem Wege, zwar schon findig und unverdrossen beim Auszug aus dem Vaterhaus, gerät aber doch samt seiner Schwester bei der Hexe ins Verhängnis und muß »vier Wochen lang« die Vergitterung ertragen. Das sind Prüfungen auf dem Weg zum Jo-Hannes.

Weiß man, woher die Märchen wirklich kommen? Lange Zeit lautete die gängige und zugleich oberflächliche Meinung, Märchen seien »Volksdichtung«, weil man keinen speziellen Verfasser kennt. So also, als habe »das Volk« die Märchen geschaffen: Einer habe vor Zeiten einmal mit einer kürzeren oder längeren Geschichte begonnen, ein Nächster habe etwas dazu gedichtet, auch geändert, ein Dritter wieder etwas eingefügt und umgemodelt. Und so sei nach und nach das Ganze entstanden. – Nichts dürfte irriger sein.

Das Märchen ist eine Kunstform der Dichtung, im Ursprung von einem schöpferischen Geist als Erlebnis erfahren und geformt. Das Volk hat das ihm Überlieferte aufgenommen und weitergetragen. Dabei sollte man die Treue der Wiedergabe bei den Märchenbewahrern, den Erzählerinnen und Erzählern der vergangenen Jahrhunderte nicht unterschätzen. Sie hatten nicht nur ein untrügliches Gedächtnis, sondern auch die Überzeugung von der Wahrheit des Überlieferten, – also blieben sie dabei.

Das Märchen verdankt seine Entstehung einer individuellen Schöpfung. Der Forscher Friedrich Ranke sagt:

»Die eine Zeitlang herrschende Vorstellung, die einzelnen Märchen hätten sich in naturhaft unbewußtem Wachstum und aus wahllos aneinandergereihten Motiven gewissermaßen selbst gebildet, läßt sich angesichts ihrer zum Teil ausgezeichneten und kunstvollen Komposition nicht halten. Am Ursprung jedes einzelnen Märchens muß ein erster Erzähler stehen, ein Künstler, der es als Erzählungskunstwerk gedichtet hat.«

Max Lüthi deutet in die gleiche Richtung:

»Das Märchen kann Dichtung für Primitive sein, nicht aber Dichtung von Primitiven. Als reine Dichtung ist es vermutlich das Werk hoher Künstler, von denen es zum Volke herabkommt. Es entsteht aus echter dichterischer Schau. Man kann sehr wohl von traumhafter Schau sprechen; aber es handelt sich ohne Zweifel um den Wachtraum des Dichters, nicht um gewöhnliche Nachtträume [...] Wer die ursprünglichen Märchenbildner sind, entzieht sich unserer Kenntnis.«[1]

Wenn demnach die Schöpfer der Volksmärchen durchweg als Künstler, Dichter, als weise Persönlichkeiten anzusprechen sind, warum bleiben sie dann anonym? Rudolf Steiner gibt aus seiner Geistesforschung heraus den erhellenden Hinweis: Die Märchenbildner des 12., 13. Jahrhunderts kamen aus den Mysterienstätten der Rosenkreuzer. Als Rhapsoden zogen sie von Dorf zu Dorf, von Stadt zu Stadt, um von den Lebensgeheimnissen zu künden: »Wo war das Zentrum dieser Rhapsoden? Wo hatten sie gelernt, solche Bilder vor die Menschen hinzustellen? – in denselben Tempeln hatten sie es gelernt, die wir als die Schulen der Rosenkreuzer angesehen haben [...] Immerzu senden die geistigen Zentren ihre Abgesandten in die Welt, damit in jedem Zeitalter das, was in den Tiefen des Geistes ruht, an die Menschenseelen herangebracht werden kann. Es ist eine triviale Anschauung, wenn heute die Menschen glauben, aus ihren Phantasien heraus Märchen formen zu können. Die alten Märchen, die Ausdruck sind der alten geistigen Geheimnisse der Welt, sind so entstanden, daß die, welche sie für die Welt geformt haben, hinhorchten und lauschten bei denen, die ihnen die geistigen Geheimnisse erzählen konnten, so daß die Zusammenfügung, die Komposition gemäß den geistigen Geheimnissen ist. Deshalb können wir sagen: Es lebt in ihnen der Geist der ganzen Menschheit, des Mikrokosmos und des Makrokosmos.«[2]

Die Welt des Märchens ist nicht die Welt der fünf Sinne. Vergebens suchen wir Übereinstimmung der physisch-realen Welt mit den Ereignissen und Gestalten im Märchen. In der physischen Ebene sprechen wir von Naturgesetzen und ursächlichen Zusammenhängen. Im Märchenbereich haben diese ihre Allgewalt verloren. Da wirken Geistimpulse im Seelenfeld nach den Gesetzen der Wahrheit und der Liebe. Es walten Toleranz, Selbstlosigkeit, Güte – oder auch deren Gegenströmung.

Wer im Märchen als Sohn oder Tochter oder wer auch immer als Handelnder auftritt und nur für sich selbst etwas will, erreicht

dies nicht; er verstrickt sich in Schuld. Man kann im rechten Sinn nur für den anderen etwas tun. Erlösung im Märchen geschieht nie als Selbsterlösung. Die Erlösung geschieht aus Einsicht in die Not des anderen. Sie vollzieht sich durch den Verzicht auf den eigenen Vorteil. Im Märchen manifestiert sich der tiefe Ernst des Werdens in einer Welt moralischer Qualität. Ich gebrauche dieses Wort, obgleich ich weiß, daß man seiner heute überdrüssig ist und es ins Aus verwiesen hat: Märchen sind gebildet aus moralischer Substanz. Das gilt für die echten Märchen, die mit Zauber und Erlösung zu tun haben; nicht für Schwänke. Da spielt anderes herein: List, Eitelkeit, Dummheit, spielerischer Übermut und dergleichen. Schmunzeln macht fröhlich.
Als Erzähler sage ich: Das Märchen ist eine fremde Geschichte, mit der ich mich verbinde mit all meinem Sein, obwohl sie mich, von außen gesehen, nichts angeht. Ich leide sie mit, sie ergreift mich. Ich bin von ihr ergriffen. Ich erleide in ihr ein Stück Menschheitsschicksal.

Märchen geben *Ur-Kunde*. Sie geben Kunde vom Ursprung des Menschen und seinem Werdegang. In den Märchen insgesamt lebt eine im Wort bewahrte Chronik der Menschheit; sie zeugen von den Schicksalswegen der Menschenseele und des Menschengeistes.
Jedes Märchen zeigt durch seine Besonderheit eine bestimmte Facette, eine bestimmte Ausprägung im menschlichen Werdegang. Dieser Gang wird immer wieder anders geschildert. Er ist voller Gefahr der Abirrung, denn der Mensch wird auf diesem Weg zunächst allein gelassen und muß mit den Versuchern fertig werden. Aber es gibt Hilfen, die ihm zuteil werden, gerade in Momenten der Ohnmacht. Dem ehrlich Suchenden sind die Helfer zugetan. Der Märchenweg führt aus der Kindheit in einem Königtum oder einem Vaterhaus in die Welt hinaus, um Aufträge zu erfüllen, sich auf eine Suche zu begeben. Oft führt

er durch Ausstoßung in die Armut, ins Dienen, in die Verspottung. Doch nach vielfältigen Prüfungen und Erfahrungen eröffnet sich letztlich ein neues Königtum der Selbsthaftigkeit in einer Gemeinschaft der Erlösten.

Daß die Volksmärchen im Zeitstrom nicht verlöschen, hängt mit ihrem Wesen, ihrem Charakter zusammen: Er ist der inneren Natur des Menschen gemäß. Gute Märchen können nicht erfunden, sondern nur erfahren werden. Es sind Erfahrungen auf der seelisch-geistigen Ebene des Menschen. Die so gewachsenen Märchen führen, obgleich sie scheinbar von prosaisch alltäglichen Vorgängen ausgehen, in die *andere Welt*, jene übersinnliche Sphäre, der der Mensch neben seiner irdischen Natur zugleich angehört. Sie berichten über die greifbare, dingliche Sichtbarkeit hinaus von den seelischen und geistigen Zusammenhängen, aus denen heraus wir in die dingliche Welt hineingeboren wurden und denen der Mensch zu seiner Prüfung und Selbstwerdung ausgesetzt ist. Das Kind lebt unbewußt, aber tief verankert in diesen Zusammenhängen, und unbewußt *ernährt* das Märchen die Geistnatur im Kind.

Im Märchen leben heißt: in der Wahrheit leben, und in der Wahrheit lebt die Weisheit. Gewiß wird nicht alles, was unter dem Sammelnamen Märchen kursiert, diesem Anspruch gerecht. Aber aus meiner Erfahrung heraus sage ich dies zum Beispiel vom Großteil der Grimmschen Märchen. Sie sind gewoben aus Wahrheit, Weisheit und Gerechtigkeit. Das sind Ursubstanzen unseres Daseins. Darin liegt wohl das Geheimnis, daß sie viele Zeitgeschichten überdauern.

Darf man Märchen verändern?

Für mich persönlich stellt sich diese Frage nicht, grundsätzlich nicht. Doch kann man es natürlich niemandem verbieten, in überlieferte Texte einzugreifen. Volksmärchen sind heute Freigut. Jeder kann sich bedienen, wo und wie er will. Was immer er daraus macht – die Märchen wehren sich nicht. Wer glaubt, eine Geschichte sinnvoller, aussagekräftiger, einer modernen Einstellung angepaßter, witziger oder wie immer auch seine Auffassung ist, ummodeln zu sollen, wird dies ohne jeden Skrupel tun, er wird es sich möglicherweise sogar zum Verdienst anrechnen – es wird dann eben etwas anderes daraus, als es im Ursprung war. Gedruckte Beispiele gibt es genug; sie nennen sich »bearbeitet«. Jede Veränderung sagt dann fast mehr aus über den, der sie vorgenommen hat, als über das Märchen selbst. Über den Gewinn solcher Eingriffe läßt sich streiten.

Ich meinerseits halte mich, vor allem bei den Grimmschen Märchen, an den gegebenen Wortlaut, an die Fassungen der Ausgabe letzter Hand. Die Sprache der Brüder ist schlicht, einfach und erzählgerecht und weist dennoch einen künstlerischen Einschlag auf. Sollte ich mir anmaßen, was da als Kunstwerk vorliegt, zu verbessern? Ich werde mich hüten.

Bei einem fremdländischen Märchen – man hat es da ja immer mit einer mehr oder weniger guten Übersetzung zu tun – gehe ich freier mit der Sprache um. Einen sperrigen Satz bilde ich neu, eine holperige Wendung gleiche ich meinem Sprachempfinden an, ohne zu schönen. Doch wird das nie zu einem umstürzlerischen Eingriff in die inhaltliche Substanz werden. Die taste ich nicht an. Das Märchen muß sein Eigenleben behalten, das Sphärische spürbar bleiben. Ich muß aus der Gesinnung des Märchens heraus erzählen.

»Niemand«, sagt Jakob Grimm, »darf sich anmaßen, den Inhalt der Märchen nach Gutdünken zuzuschneidern oder Zusätze aus eigenem Ermessen zu machen.« Daran halte auch ich mich.

Die Worttreue der Alten

In den alten Zeiten stellte sich die Frage, ob man die Märchen verändern dürfe, wohl kaum. Den alten Erzählern waren sie ein ihnen anvertrautes offenbares Geheimnis, jeder Willkür entzogen. Die Zwehrener »Bäuerin« Dorothea Viehmann steuerte 1814 den Brüdern Grimm zu ihrem Band der »Kinder- und Hausmärchen« etwa zwanzig Märchen bei. Von ihrer Erzählweise sagen die Herausgeber in der Vorrede: »Wer an leichte Verfälschung [...] als Regel glaubt, der müßte hören, wie genau sie immer bei derselben Erzählung bleibt und auf ihre Richtigkeit eifrig ist; niemals ändert sie bei einer Wiederholung etwas in der Sache ab, und bessert ein Versehen, sobald sie es bemerkt, mitten in der Rede gleich selber. Die Anhänglichkeit an das Überlieferte ist bei Menschen, die in gleicher Lebensart unabänderlich fortfahren, stärker, als wir, zur Veränderung geneigt, begreifen.«
Die absolute Worttreue ist ein deutliches Kennzeichen der alten Erzähler. Ein norwegisches Zeugnis lautet: »In Süd-Norwegen lebte ein Mann, der als guter Märchenerzähler bekannt war. Zwei Sammler haben ihn im Abstand von etwa fünfzehn Jahren besucht, beide machten Aufzeichnungen, und in den Texten beider war kaum ein Wort geändert.«[3]
Hier eine Spanne von fünfzehn Jahren; staunenswert wird es schon, wenn sich auch noch nach 100 Jahren der gleiche Wortlaut unverändert findet: »Paul Hambruch, der Herausgeber der Südseemärchen, hat Märchen bei Eingeborenen im selben Wortlaut gehört, wie sie Chamisso vor 100 Jahren schon aufnotiert

hatte, was nicht verwundert, da dort die kleinen Mädchen von früh auf die Geschichten ihrer Lehrmeisterinnen unermüdlich wiederholen müssen, denn dort sind die Frauen die Bewahrerinnen der Tradition – wie auch in Griechenland.«[4]

Warum mußten wohl die kleinen Mädchen unermüdlich wiederholen, was sie gesagt bekamen? Es sollte sich unlöschbar ihrem Gedächtnis einprägen. Was Hambruch aufschrieb und als »Märchen« seiner Sammlung einfügte, war für die Eingeborenen etwas ganz anderes als das, was uns Märchen bedeuten. Er rührte an das heilige Gut des Stammes, das ihm da kund war. Für die Übermittlerinnern der Kunde aber war es von unantastbarer Wahrheit, zum Wesen des Stammes gehörig.

Im »Märchenspiegel« 1/1995 fand ich eine Zuschrift, die auf das noch staunenswertere Phänomen einer tausendjährigen Worttreue hinweist. Der Gewährsmann Hans Fink schreibt dort: »Ich begrüße die Veröffentlichung von neuen Überlegungen zur Altersfrage der Märchen im MSP 4/94. Mit der Zeit wird man noch mehr Beispiele für die Langlebigkeit der mündlichen Überlieferung finden. Zu der ansehnlichen Liste von Fakten möchte ich Beobachtungen des Forschungsreisenden Knud Rasmussen hinzufügen:[5]

›Die Grönland-Eskimos erzählten Berichte über blutdürstige Indianer, die friedliche Lager überfallen, obwohl niemals Indianer in Grönland gewesen sind. Jene Berichte hatten die Vorfahren der Grönland-Eskimos einst aus ihrer kanadischen Heimat mitgebracht. Als Rasmussen die Ureskimos oder Padler miut am Hikoligjuaq-See in Kanada besuchte (westlich der Hudson-Bai), stellte er folgendes fest: Von 52 Sagen waren nicht weniger als 30 identisch mit Sagen, die er von den Grönländern kannte, obwohl während mindestens tausend Jahren nicht die geringste Verbindung zwischen den zwei Stämmen bestanden hatte.‹ Zur Form der Texte vermerkt Rasmussen an anderer Stelle: ›Die Tradition hat indessen diese Sagen von Geschlecht zu Geschlecht mit einer solchen Peinlichkeit und Genauigkeit überliefert, daß nicht nur das Gerippe der Erzählung von gleicher Art ist, sondern sogar Frage und Antwort häufig mit genau den gleichen Worten wiedergegeben werden. Daß merkwürdige Sagen mit einem abenteuerlichen Inhalt ein Jahrtausend hindurch in Erinnerung bleiben, ist nicht einmal so verwunderlich. Eigentümlicher ist es schon, daß kurze Fabeln ohne Zuspitzung von Generation zu Generation überliefert worden sind, ohne die mindeste Änderung zu erfahren .‹

Ich halte fest: Ein Jahrtausend hindurch bleibt das Erzählgut, der Volksschatz ohne die mindeste Veränderung bewahrt. Welche eine innere Einstellung darf man bei diesem Wunder an Worttreue bei den Erzählenden, den Bewahrern, voraussetzen? Zum einen ist es eine in religiöse Dimensionen reichende Kraft der Ehrfurcht vor dem anvertrauten Gut. Zum anderen ein nie versagendes Gedächtnis. Wir können kaum begreifen, mit welch einer hohen, schier grenzenlosen Gedächtniskraft frühere Menschen begabt waren, und bei einzelnen, die, sagen wir in abgelegenen Winkeln der Erdteile wohnend, verschont geblieben sind von den Angeboten der Zivilisation, mag sich das sogar bis in die Mitte des zwanzigsten Jahrhunderts erhalten haben. Jedenfalls wird von irischen Märchenerzählern berichtet: »Diese alten Geschichtenerzähler hatten ein außergewöhnlich gutes Gedächtnis [...] Sie merkten sich eine Geschichte, selbst wenn sie so lang wie ein ganzes Buch war, sobald sie sie auch nur einmal gehört hatten. Das war wichtig, denn sie konnten weder lesen noch schreiben.«[6]

Schließen möchte ich dieses Kapitel mit den Worten eines neunzigjährigen Araukaners, eines Indianers der Kordilleren – Mapuche, Sohn der Erde, nennt er sich selbst–: »Von Mund zu Mund gehend, seit Hunderten von Jahren, hat sich die Wahrheit erhalten. Soll ich, der arme Indianer, der nichts weiter kann, als eine

Schaufel in die Hand zu nehmen, sie verstümmeln? Nein! Wissen würden darum meine Ahnen, denen ich Erinnerung verdanke.«[7]

Von der weissagenden Frau zur Erzzauberin Warum schweigen die Väter?

In einem Märchenkurs kommt in einer Gesprächsrunde von weiblicher Seite die aggressive Frage: »Warum sind die Bösen im Märchen immer die Frauen?« Gemeint sind dabei die Hexen, die Stiefmütter, die Zauberinnen, die neidischen Schwestern, die falschen Kammerjungfern oder eine unersättlich gierige Köchin.

Dazu kann man die schlichte Gegenfrage stellen: Sind denn alle männlichen Wesen im Märchen gut? Gibt es da nicht auch die Bösen? Vor allem, gibt es unter den Männern nicht immer wieder die Schwächlinge im Märchen? Ist nicht der Vater in »Hänsel und Gretel« ein solcher Schwächling? Warum läßt er zu, was er im Grunde nicht zulassen will? Warum sind die Männer manchmal geradezu Hörige der Frau, haben keine Kraft, ihrem Triebverlangen zu widerstehen, so daß zum Beispiel der Mann in »Rapunzel« in den Garten der Zauberin steigt und für seine Frau den heißbegehrten Rapunzelsalat stiehlt? Warum kann der Fischer in dem Märchen »Von dem Fischer un syner Frau« den immer maßloseren Wünschen der außer Rand und Band geratenen Ilsebill nicht Einhalt gebieten? Warum schlägt er nicht mit der Faust auf den Tisch und sagt: »Schluß jetzt, nicht weiter! Sei endlich zufrieden!« Er wird zum Trottel und läuft und läuft, wohin er gar nicht will. Warum kann der Fischer in »Die Goldkinder« sein Geheimnis nicht halten und verrät der drängenden Frau, was er nicht verraten sollte? Nirgends eine Spur von Stärke. War doch die einzige Bedingung des goldenen Fisches, der ihm für seine Freilassung zu Reichtum verholfen hatte, daß er »kei-

nem Menschen auf der Welt, wer es auch immer sein mag«, entdecke, woher das Glück gekommen war. »Sprichst du ein einziges Wort, so ist alles vorbei.« Er schafft es nicht.
Und wie steht es gar um die in Schweigen versinkenden Väter, wenn es um ihre Tochter geht, die unter der Fuchtel der Stiefmutter leidet: Warum duldet der Vater in den »Drei Männlein im Walde«, daß die Frau, die zuvor der Stieftochter ein herrliches Leben versprochen hat (»du sollst dich morgens in Milch waschen und Wein trinken«), sie nachher nicht nur drangsaliert, sondern der Vernichtung preisgibt? Sieht der Vater das denn nicht? Nein, er sieht es nicht und merkt es nicht; er ist einfach in der Geschichte nicht mehr da, wie weggeblasen. – Und denken wir an den Vater von Sneewittchen: Müßte ihm nicht nach der zweiten Heirat das Verschwinden seiner Tochter auffallen? Wir hören auch nicht mehr ein einziges Wort von ihm; in welcher Welt lebt er? Was sind das also für kraftlose Männer oder im Schweigen versunkene Väter? Das »Vaterbild« im Märchen ist demnach keineswegs heroischer als das der Frau, der Mutter.

Mit einer Bewertung aus einem alltäglich familiären Blickwinkel heraus sind diese Phänomene kaum zu verstehen. Spielen da nicht übergeordnete, lenkende Mächte mit, Mächte, die in die gesamte Menschheitsentwicklung herein wirken? Von einem solchen spirituellen Blickpunkt aus läßt sich sagen:
Das Väterlich-Geistige überläßt für eine Zeit dem Weiblich-Seelischen die Regentschaft über die jungen, werdenden Menschenkräfte (die Söhne und Töchter).
Vergessen wir nicht: Des Menschen Weg ist ein Weg des Abstiegs – aus den harmonischen, allseitig geborgenen Höhen eines goldenen Zeitalters, sagen die Griechen; aus der Fülle des Paradieses, sagt die Genesis der Bibel, wird der Mensch ausgewiesen in die Ackerbreiten der Selbstbestätigung. Die steinige Erde empfängt ihn. Er ist »draußen«, kommt in die Armut, erfährt

Schmerz, Trennung, Leiden, Tod. Er erobert zwar die Erde, gerät aber, ohne es zu achten, immer mehr in den Bann, in den eigenen Zauber der materiellen Welt. Die Materie verzaubert ihn, er sucht sie als Besitz; er fühlt das auch als Beglückung. Er beherrscht nach und nach das Irdische und hält schließlich die materielle Welt für die einzig wirkliche. Aus der Himmelsursprungskraft wird für das menschliche Erleben nach und nach die grobe, harte, tote Erdenstofflichkeit. Aus der Sternen-Mutter, die ihre Kinder auf die Erde entlassen hat, der Mutter aller Mütter, wird die Stief-Mutter, die die Kinder im Erdenfeld empfängt, die versteifte, verhärtete mater. Aus ihr wird letztlich die schiere Materie als die herrschende Regentin.

Die »gute Mutter« Sneewittchens, die noch ganz mit den Himmelshöhen verwoben ist, die in die fallenden Schneeflocken aufschaut, sie stirbt, und die neue, andere tritt an ihre Stelle: schön, aber selbstherrlich, neidisch und rigoros sich behauptend. Sie braucht immer den Blick in den Spiegel, um sich selbst zu bestätigen.

Diese Übergänge von der Mutter zur Stiefmutter sind für die Menschenseele die Übergänge von der Seelenverfassung einer kindlichen Geistgeborgenheit in die Zonen einer am Leiden erwachenden, wachsenden Selbstwerdung gerade in der Geistesöde einer nur noch materiell-sinnlich wahrgenommenen Welt.

Zurück zur Ausgangsfrage, der man noch eine zweite Gegenfrage vorhalten kann: Warum sind es in vielen Märchen gerade weibliche Wesen (Feen, »eine alte Frau«, »eine weise Frau«), die zu Helferinnen werden in größter Not?

Es sei erinnert an die urhäßlichen, aber hilfsbereiten »Drei Spinnerinnen«, durch die das Mädchen trotz seiner absoluten Unfähigkeit zur Braut des Königssohnes wird, der aber, als er den Grund der Häßlichkeit der drei zur Hochzeit geladenen »Basen« erfährt, beschließt, daß seine schöne junge Braut nun und nimmer mehr ein Spinnrad anrühren soll. Oder an die weise Frau in

»Die Nixe im Teich«, die der um ihren Mann beraubten jungen Frau die Zaubergaben schenkt, womit der Nixenverwunschene erlöst wird. Im »Teufel mit den drei goldenen Haaren« ist es erst »eine alte Frau«, dann gar des Teufels Ellermutter, die dem Glückskind hilft, so daß zuletzt selbst der Teufel überlistet wird.

Doch das Böse existiert, und es läßt sich nicht leugnen, daß es außer den männlichen Vertretern (wir kennen den König mit dem bösen Herzen aus dem »Teufel mit den drei goldenen Haaren«, den Erzzauberer aus der »Kristallkugel«, den schäbigen Marschall aus den »Zwei Brüdern«) eben auch die weiblichen Verkörperungen des Bösen gibt. Dem weiblichen Wesen lag ursprünglich gewiß vor allem an einem Wirken im lebensschöpferischen Bereich, fördernd im Guten. Wie kommt eine Wandlung so grundlegender Art in ihr absolutes Gegenteil zustande, von der weisen und weissagenden Frau zur Erzzauberin? Läßt sich aus dem in Historie und Legende bewahrten Geschehen eine Spur ablesen, daß und wie sich im Laufe der Zeit ein Prozeß vollzog, der aus Gutem Böses werden ließ?
Tacitus berichtet von den Germanen, daß in ihren Wäldern Frauen ihren Sitz hatten, deren Rat von den Stammesfürsten gesucht und befolgt wurde, das Gemeinwesen des Volkes befruchtend. Diese weisen Frauen waren die seherisch Gottbegnadeten. Sie waren in die Naturgeheimnisse eingeweiht, aus Wind, Blitz und Donner wahrnehmend, Gefäße der Eingebung, Mittlerinnen der Weisheit. Sie wurden fromm verehrt. Tacitus nennt Wala und Weleda als Namen solcher priesterlich weissagenden Frauen.
Solche Frauengestalten finden wir als Sibyllen im Altertum, aber auch als Priesterinnen bis in das römische Etrurien hinein. Sie hatten ihren Sitz an Orakelorten und gaben die ihnen in Nächten und im Nebelflor zugeflossene Geistvorschau raunend weiter, geheimnisverhangen, zuletzt, im Ausklang der Orakelzeiten,

nur schwer noch deutbar, so daß der das Orakel Befragende gerade das herauszuhören meinte, was er zu hören wünschte. Die Urweisheit verglomm; Menschendenken, das heißt das menschliche Kombinationsvermögen griff ein, nahm nach und nach überhand und blieb schließlich allein gelten.

Die Legende berichtet von den sieben römischen Königen der Urzeit, deren erster Romulus die Stadt Rom gründete. Der zweite König war Numa Pompilius. Er war noch ganz verwoben mit dem Weisheitsstrom der Natur. Das aber heißt: Ihm gab die Quellnymphe Egeria Rat, sie befragte er – denn sie saß an der Quelle, die nicht nur ein Gewässer speiste, sondern Ausfluß eines spirituellen Weisheitsstromes war. Ihre Inspirationen gaben Numa Pompilius den Antrieb zu seinen staatsbildenden und sozialen Einrichtungen, deren man ihn rühmt. Unserer heutigen Logik widerstrebt es, einzusehen, daß ein König sich habe beeinflussen lassen von einem »legendären« weiblichen Wesen, das als Nymphe heute nur noch im Begriff einer triebhaften »Nymphomanin« fortlebt. Aber der Geistesforscher Rudolf Steiner macht uns auf die Wirklichkeit dieser Existenz mit großem Ernst aufmerksam: Numa Pompilius hatte eine Beziehung zur Nymphe Egeria – und sie wirkte sich in Gutem aus, zum Wohle der Menschen.[8]

Vom letzten der sieben römischen Könige, Tarquinius Superbus, wird hingegen eine Begegnung berichtet, die zwar auch als Legende gilt, aber in Quintessenz mehr vom Weltenlauf enthält als lange historische Tiraden von Eroberungszügen, Siegen und Niederlagen. Bei ihm, diesem letzten der sieben Könige, soll eines Tages eine uralte geheimnisvolle Greisin erschienen sein und ihm neun Bücher der Weisheit zu einem ungeheuren Preis angeboten haben. Der König, durchaus schon Römer im späteren Sinn, nämlich selbstherrlich und machtbewußt dem Diesseits zugewandt – eben mit jenen Eigenschaften, die sich dem Zug der Zeit gemäß nach und nach im Römertum entwickelt hatten – lachte über das Angebot der Greisin und lehnte es ab. Darauf verbrannte die Alte drei der Bücher und verlangte für die verbliebenen sechs den gleichen Preis wie zuvor. Tarquinius Superbus lachte und lehnte wiederum ab. Die Greisin verbrannte abermals drei der Bücher und verlangte für die letzten drei den immer noch gleichen Preis – eine ungeheure Summe. Jetzt endlich sagte der König ja, er zahlte und übernahm die drei verbliebenen Bücher. Die Greisin verschwand.

Es war die cumäische Sibylle, die sich entschlossen hatte, dem König den Extrakt der Urweisheit zu übergeben –, aber der König merkte zu spät, was da geschah: daß die Verwalterin der Weisheit die Orakelzeit für abgelaufen und die neue Zeit für gekommen hielt, in der die Herrscher von ihren Thronen herab aus eigener Verantwortung zu impulsieren und handeln beginnen sollten, wenn auch immer noch schöpfend aus dem verfügbaren Vorrat der uralten Weisheit, gesammelt in diesen sibyllinischen Büchern. Durch die selbstherrliche Torheit des Tarquinius, zu spät zu erkennen, was ihm da angeboten worden war, gingen – so kann man sagen – zwei Drittel des Urschatzes an Weisheit in Flammen auf. Für die künftige Zeit der Selbstentscheidung im menschlichen Regiment blieb von den Ur-Einsichten nur ein Rest, der sich in Traditionen, in vielleicht auch nicht mehr voll verstandene Kultur und bestimmte Riten hineinvererbte. Das Kostbarste ging verloren.

Auf die Haltung dieser Greisin sollten wir einen Augenblick hinschauen. Sie fand ihre Zeit abgelaufen, nicht nur ihres eigenen Alters wegen. Sie sprach im Namen jeglichen Sibyllentums, das sie in den neun unschätzbaren Büchern in Händen hatte und abzugeben bereit war. Damit beendete sie eine Mission, zog sich aus Macht und Kraft zurück zugunsten einer neuen Ära irdischer Regentschaft. Das entspricht einem Gesetz der Bewußtseinsentwicklung: Altes vergeht, Neues entsteht. Alte Machtverfahren verlieren ihren ursprünglichen Sinn und drohen auszuarten; an deren Stelle wollen und müssen sich neue zeitgemäße Wirkensformen gebären. Den Zeitpunkt einer solchen Wende erkannt und zur Tat gebracht zu haben, darf man der cumäischen Sibylle zugestehen. Es bedeutete für sie zugleich jeglichen Verzicht einer Einflußnahme auf das gemeinschaftliche Leben.

Im Märchen jedoch finden wir gelegentlich noch solche steinalten Frauen, die mit unwiderstehlicher magischer Macht begabt, aber diese abzugeben keineswegs bereit sind, sondern sie im Gegenteil für sich mißbrauchen: Das sind die Hexen und Zauberinnen. Da schlägt das anfänglich so Berechtigte, Wohltätige der mit übersinnlichen Kräften ausgestatteten weisen Frauen, das im Guten in die Weite und Breite der betreuten Menschen hineinwirkte, in das absolut Böse um, wenn es rein egoistisch festgehalten wird.

In dem Grimmschen Märchen »Die Kristallkugel« ist dieses Phänomen deutlich abzulesen: Die Mutter, eine Zauberin, will ihre Macht nicht abgeben und fürchtet, ihre drei Söhne möchten sie ihr rauben. Damit das nicht geschehen kann, verzaubert sie sie in Tiere – ihre eigenen Söhne, so groß ist ihre Machtversessenheit. Sie will verhindern, daß die Jungen der neuen Generation das werden, was sie werden sollen und wollen – Menschen mit den Fähigkeiten einer verwandelten Magie: aus freiem, eigenem Entschluß Wirkende, wie es schließlich der jüngste der drei Brüder tätigt, indem er die Königstochter vom Schloß der goldenen Sonne aus ihrer Urhäßlichkeit erlöst.

Im Märchen »Jorinde und Joringel« sitzt eine andere solche Erzzauberin. Schon das ist auffällig: Sie bewohnt das mächtige Schloß einzig und allein. Mit Zauberkraft lockt sie das Wild und schlachtet es. Die Jungfrauen aber verwandelt sie in Vögel, sperrt sie in Körbe und hortet die Körbe in ihrem uralten Gemäuer, das zum Käfig ihrer Egoität geworden ist. Und an dem Wimmern, Wispern und traurigen Gezwitscher der eingesperrten Vögel, an den Seelen-Vogelstimmen, labt sie sich. Sie nährt sich aus dem magisch gekappten, unausgelebten Leben der Jungfrauen. Sie hat sie in ihrer Macht. Sie selbst lebt nur sich selbst. Aus dem vor Zeiten einmal unersetzbar Guten der weisen Waldfrau ist durch Beharrung, Erstarrung, Versteifung, auch Vereinsamung ein radikal Böses geworden. Joringel, der Liebende, kann erst spät die Zauberin überwinden: Nachdem er an fremdem Ort lange, lange Zeit als Schafhirt gedient, als Hirt vom Lamm Geduld gelernt hat, findet er die blutrote Blume, die die Macht der alten Magie bricht, und erlöst Jorinde und den ganzen Chor der gefangenen Jungfrauen. Vielleicht darf man sogar sagen, daß er auch die Alte, gerade indem er sie entmachtet, aus ihrer Versteinerung erlöst.

Seitenblick auf die Wissenschaft

Wissenschaftliche Betrachtungen von Zusammenhängen in den Märchen, in nicht allzu abstrakter Sprache vorgebracht, können dem Märchenliebhaber durchaus zum Gewinn gereichen und ihm Annäherung an manch bis dahin Unklares oder Verschlossenes bringen. So bekenne ich dankbar, von Max Lüthi, dem Zürcher Forscher, die treffliche Unterscheidung von Märchen, Sage und Legende gelernt zu haben. Ich habe mit Freude gelesen, neugierig und bewundernd zugleich, was er über das Volksmärchen, sein Wesen, seine Eigenheit, immer neu aufgreifend und vielfältig belegend, zu sagen weiß.
Beschäftigt hat mich allerdings immer wieder eine Begriffsbildung, mit der ich nicht zurechtkomme, die aber als eine seiner wichtigsten Entdeckungen gilt: Es ist das, was er die »Flächenhaftigkeit des Märchens« nennt.[9]
Seiner Ansicht nach fehlt dem Märchen das »Gefühl für die Kluft zwischen profaner und numinoser Welt«. Er betont, daß es ohne

jede Tiefengliederung ist. Die Märchengestalten sind in seinen Augen »Figuren«, denen die Gefühlswelt fehlt, ohne Körperlichkeit, ohne Innenwelt, ohne Beziehung zur Zeit, ohne jede seelische Tiefe. Für ihn handeln sie im Grunde kühl, »selbst wo Zorn, Ärger, Eifersucht, Besitzwunsch, Liebe und Sehnsucht genannt werden, kann von eigentlichen Gefühlswallungen nicht die Rede sein«. Märchenfiguren haben für Lüthi nur Oberfläche, sie sind »flächenhaft«, keine Menschen mit lebendiger Innenwelt.

In der Sage, die im Gegensatz zum Märchen immer auch Bezug zu einem Ort hat, sieht Lüthi den Menschen »erregt und bebend die Erlösungshandlung« vollziehen. Er zeigt alle Regungen des Gefühls und wird von Angst, Schrecken, Erwartung, Freude und Leidenschaft getrieben. Den Märchenfiguren hingegen spricht Lüthi all dies ab und sieht bei ihnen die Differenziertheit des Menschen aufgelöst. Er hat keinen Märchenhelden gefunden, der menschlich reagiert, der stöhnt, flucht, wankt und schwankt im Entschließen und Versagen, der nicht weiß, ob er soll oder nicht. »Statt in einem einzigen Menschen vereinigt, sehen wir die verschiedenen Verhaltensmöglichkeiten scharf voneinander getrennt, nebeneinander stehenden Figuren zugeteilt.«

Ich habe mich immer gefragt, wie Lüthi zu dieser Ansicht gelangt ist, und vermag ihm darin nicht zu folgen. In meinen Augen zerrinnt, verdünnt sich das Märchen durch seine Darlegungen zu einem oberflächlichen Handlungsgewebe ohne jede Plastizität. Dies möchte ich nicht als eine Kritik verstanden wissen, sondern nur als eine Charakteristik seiner Anschauungsweise. In der Nachwirkung der Charakteristik verflacht das Märchen jedoch. Die Argumentation nimmt ihm seine Substanz und verkennt seine spirituelle Kraft.

Der Erzähler in mir weigert sich, das Theorem der Flächenhaftigkeit als wahres Kriterium des Märchens anzunehmen. Im Erzählen wird nämlich alle Theorie belangslos, ausgelöscht. Ich weiß nicht, ob der Forscher Lüthi jemals ein Märchen nicht nur

referiert, sondern wirklich erzählt hat. Ich meine damit, ob er sich ein Märchen wie zum Beispiel »Fundevogel« seiner ganzen Wortgestalt nach zunächst lernend einverleibt hat, um es dann frei, als künstlerisch gestaltetes Gebilde wiederzugeben.
Schon dieses Märchen, »Fundevogel«, lebendig erzählt, kann jede Flächenhaftigkeit widerlegen. Können sich Liebende vertrauender und inniger einander zuwenden als Lenchen und Fundevogel: »Verläßt du mich nicht, verlaß ich dich auch nicht.« – »Nun und nimmermehr«? Und wenn Fundevogel zum Rosenstock wird, Lenchen zum Röschen darauf – und sie werden es wirklich für den Blick der drei sie verfolgenden Knechte! –, liegt es doch daran, daß sie die Kraft der Verwandlung auch wahrhaft in sich haben. Sie heben sie in diesem Augenblick höchster Gefahr aus sich heraus aus einer für das alltägliche Denken nicht mehr wahrnehmbaren Tiefe.
Wieviel Angst und Not wird im Märchen auch erlitten, so Sneewittchen, wenn es »mutterselig allein« in dem großen Wald umherirrt, »und ward ihm so Angst, daß es alle Blätter an den Bäumen ansah und nicht wußte, wie es sich helfen sollte«. Zuvor aber hatte der Jäger es laufen lassen, weil er »Mitleiden« mit ihm hatte. Man braucht nur ein wenig im Märchenbuch zu blättern, schon stößt man auf Neugier und Seufzen, auf Jammern und Klagen, auf sehnsüchtige Wünsche und glückerfüllte Herzen, auf Opfer und Überwindung, Hilfe und Trost. Aber auch Bedingungen werden gestellt: zu schweigen oder nicht zu fragen, Zeiten des Wartens einzuhalten.
Die Wirklichkeit des Märchens liegt ganz und gar nicht an der Oberfläche. Seine Welt ist nicht die Welt graphischer Ortschaften und ihrer Bewohner. Es ist die Innenwelt seelischer Bereiche; wenn man will, schon in sich selbst eine Welt von jenseitigem Charakter, doch völlig verwoben mit dem menschlichen Empfindungs- und Willensleben. Was Lüthi mit Recht betont – die örtliche Verbundenheit des Sage-Menschen – entfällt. Es geht

hier um innerlich allweit gespannte Räume. Diese Welt hat von Grund auf andere Seinsbedingungen; daraus entspringen Eigenschaften der Märchenhelden. Das Märchen ist der innerlich entfaltete Mensch; alle Gestalten zusammen sind der Mensch. Auch sind die Märchengestalten immer handelnd unterwegs. Ihr Handeln ist gewoben aus den Tiefenschichten des Willens, wo auch die Gewissenskräfte walten. Es sind Tiefen, die auch Gefühlsregungen in sich schließen. Was sie tun, ist voll realer Phantasie und prallen Lebens, voll überraschender Kraft. Und dem Erzähler sind diese Gestalten wie atmende Wesen gegenwärtig.

Vom lebendigen Wort in alter und neuer Zeit

Wir verfügen heute über einen großen Reichtum an Märchenbüchern. Forscher und Sammler haben Jahre ihres Lebens darangegeben, um selbst in fernsten Bereichen der Erde letzte ursprüngliche Erzähler aufzuspüren und deren geheime Geschichten festzuhalten. So wurden sie im Druck gerettet. Doch ihr Druck ist zugleich ihr Abschied vom Leben. Ein gedrucktes Märchen ist nur noch der Schatten seiner selbst. Der Klangkörper ist dahin, die beseelende Wärme des Wortes und das Erzählfeuer des Erzählers sind entschwunden. Das Märchen ist Stoff, Material geworden.

Nun mag eingewendet werden: Aber wenn ich lese, kommt doch alles wieder! Kommt es wirklich? Seien wir ehrlich: Mit welcher Geschwindigkeit eilen unsere Augen über die Zeilen! Wir nehmen zur Kenntnis, was da steht, es geht in unsere Vorstellung über, wir denken, was wir lesen. Es bleibt aber ein blasses Bild, es ist der erstarrte Rest von etwas, das einmal lebendig war. Erst im Erzählen wird es im Herzen bewegt, vom Atem durchdrungen, von Weisheit durchlichtet. Wort-werdend wird es wieder, was es einst war: Weg zu Wahrheit und Leben, ein Mittler zwischen den Kraftfeldern des Schöpferischen, die Verbindung zu den Urquellen des Daseins.

In fernen Kulturen: das Wort – Quelle der Kraft

Wenden wir unseren Blick für einen Moment in eine alte Kultur zurück, um – wenn auch nur andeutend – zu erfahren, »wie das Wort so wichtig dort war, weil es ein gesprochenes Wort war« (Goethe, West-östlicher Divan). Es geht um den Veda, das heilige Wissen, das übersinnlichen Ursprungs ist, Veda: das göttliche Wort. »Der Veda ist ein Pfad des Hörens. In aufmerksamstem, dienendem Hören haben die berufenen Schüler das zu Hörende von ihrem Lehrer empfangen und bis auf die leiseste Akzentuierung treu in der langen Reihe der Meister und Schüler, die ihrerseits wieder zu Meistern wurden, durch die Jahrtausende getragen [...] Der Geisteslehrer, der Guru erklärt: ›Alle heiligen Texte haben ihren Sinn nur im lebendig ausgesprochenen Wort, ausgesprochen von dem, der innerlich auf der entsprechenden Stufe der Erkenntnis und Lebensschulung stehen muß. Ohne diese Schulung ist weder rechte Aussprache noch Verständnis möglich.‹«[10]

Was haben nun die heiligen Lehrer der alten Inder mit uns zu tun, mit dem heutigen Weltbewußtsein, oder ganz konkret: mit dem Märchen, wie wir es verstehen und was es uns bedeutet? Zumindest dies: Auch das Märchen ist in allererster Linie Wort. So hoch und einer fernen Kultur zugehörig, anscheinend vom Leben abgezogen, so ist das eben Zitierte doch von Bedeutung für uns, wie es Leo Frobenius belegt, der zusammenfassend über sein Forschen und Sammeln von Mythen und Märchen afrikanischer Stämme sagt: »Für jene Primitiven sind Leben und Märchen eins. Diese Menschen leben im Märchen. Das erzählte

Märchen ist nicht Tradition, sondern gegenwärtig, es ist Erlebnis, Glaubensbekenntnis, es ist Wirklichkeit. Außerhalb dieser Wirklichkeit gibt es nichts. Jede Tatsache ist Ausdruck der Wirklichkeit, gleichgültig, ob es sich um die Beziehung eines Gestirns zum Menschen oder eines Tieres zum Gerät oder eines Gewächses zur Erde handelt. Also das ist das Wichtigste: Die Märchen sind Formen einer Welt, in der die Menschen noch im Augenblick des Erzählens leben [...] Diese Welt ist [...] ohne jede Kenntnis eines Denkens im Sinne der Kausalität. Denken ist hier identisch mit Leben, Leben mit Märchen, Märchen mit Wirklichkeit.«[11]

Und Frederik Hetmann berichtet von den nordamerikanischen Indianern: »Das gesungene oder gesprochene Wort, wie es in Liedern, Mythen und Märchen vorkommt, war und ist für den amerikanischen Indianer in den seltensten Fällen ein Mittel zur Unterhaltung oder bloßer Selbstdarstellung. Viel häufiger zielt Singen und Sprechen darauf ab, eine Kraft wirksam werden zu lassen. Das Wort ist tatsächlich immer eine Kraft. Es ist Leben, Substanz, Wirklichkeit. Das Wort lebt vor der Erde, der Sonne, dem Mond. Wann immer Indianer über das Geheimnis des Ursprungs nachdachten, wird bei ihnen eine Tendenz sichtbar, dem Wort eine eigenständige kreative Kraft zuzuschreiben. Das Wort wird als eine unabhängige Wesenheit aufgefaßt, überlegen selbst dem Sein der Götter [...] Indem der Sänger das Wort singt oder ausspricht, erhebt er sich in einen Zustand des Bewußtseins, in dem ihm Kraft zuwächst und er Kraft verströmen läßt.«[12]

Bei den Indianern gibt es aber noch einen anderen Pol, ein »anderes Kraftfeld, aus dem spirituelle Stärke erwächst: das Schweigen. Das Schweigen ist voller Bedeutung. Es schafft den Raum, in dem das Wort aufblühen, zum Bild, zur magischen Wirklichkeit werden kann.« Die Kinder werden gelehrt, still zu sitzen und sich an der Stille zu erfreuen, ihre Sinnesorgane zu benutzen, dort etwas zu entdecken, wo es nichts zu sehen gibt, intensiv hinzuhören, wenn nichts laut wird: »Weil das Wort eine heilige magische Kraft hat, darf es nicht achtlos gebraucht werden. In der Stille, die gewahr wird, laden sich die Worte wieder mit dieser Kraft auf.«

Wortmagie in »Tausendundeine Nacht«

Friedrich von der Leyen sagt in seinem Buch »Die Welt der Märchen«[13] über die Geschichten aus »Tausendundeiner Nacht«: Diese Erzählungen können den, der sie hört, vor Unheil bewahren. Durch Geschichten retten und fristen Verurteilte ihr Leben; sie sind die größte und reinste Freude der Monarchen [...] Auch Geister schütteln sich vor Freude, wenn sie ein Märchen hören dürfen.«

Von diesen über dreihundert Geschichten – es sind Märchen, Zaubergeschichten, Liebesnovellen, Heldensagen, Abenteuerfahrten, Schelmenstreiche, Legenden, Gleichnisse und humoreske Anekdoten – hat mich immer die Geschichte von Scheherezade, die als Rahmenhandlung dient, auf besondere Weise ergriffen. Sie erzählt dem König Schehrijar am Abend eine Geschichte. Aber sie weiß nicht, ob sie die Nacht überleben wird, denn der König hat einen Tötungswahn als schrecklichen Vorsatz. Seine Gemahlin hatte ihn mit einem schwarzen Sklaven betrogen. Er ließ beide töten, rächt sich aber nun auf furchtbare Art an der verratenen Treue. Jeden Abend nimmt er sich eine neue Geliebte – der Wesir muß sie herbeischaffen – und läßt sie am Morgen töten. Drei Jahre lang geschieht das so. Doch schließlich mangelt es an Mädchen. Da erbietet sich Scheherezade, die Tochter des Wesirs, zum König gebracht zu werden. »Vater, vermähle mich mit diesem König! Entweder werde ich ein Opfer sein oder ein Werkzeug der Befreiung!«

So geschieht es. Sie wird dem König vermählt und am Abend seine Geliebte. Und dann erzählt sie ihm eine Geschichte. Und sie tut es so fesselnd und mit dem genialen Kunstgriff, daß sie an der spannendsten Stelle innehält und den König bittet, ihr zu gestatten, die Geschichte morgen Nacht zu Ende zu erzählen. Der König kann sich nicht entschließen, die Erzählerin zu töten, ehe er die begonnene Geschichte zu Ende gehört hat.
So geschieht es nun Nacht für Nacht.
Doch vergessen wir nicht: Über Scheherezades Haupt schwebt ständig das tödliche Schwert. Sie erzählt um ihr Leben! Schließt inmitten der Nacht eine Geschichte, so kündigt sie sogleich eine neue an und beginnt damit: »Nicht weniger wunderbar als die eben gehörte, oh König!« Sie weckt den Appetit, das Neue zu hören, bricht wieder ab, flicht in die Hauptgeschichte Nebengeschichten ein, und nicht nur eine, sondern noch eine und noch eine. Dennoch zieht sich ein roter Faden durch die vielfältigen Verkettungen und Vernetzungen, eine Art Urthema: das des gebrochenen Vertrauens, das geheilt werden soll, das Heilung sucht und schließlich findet. Und der König ist hungrig nach allem menschlich Erfahrbarem. Zuhören bedeutet für ihn teilhaben an der Welt. Und indem ihn die Geschichte Nacht für Nacht faszinieren, verblaßt sein eigener grausamer Vorsatz, am Morgen die Geliebte der Nacht zu töten. Unbemerkt geschieht so im Laufe von tausend Nächten eine Heilung. Scheherezade rettet nicht nur sich vor dem Tod, sondern erlöst auch den König von seinem Tötungswahn – einzig durch die Faszination des Wortes.
Erstaunlicherweise endet das glutende Panorama der tausend Nächte, die immer vom Tod bedroht sind, in der tausendundersten Nacht mit einem herrlichen Bild des Lebens: Da hält die kühne Erzählerin dem König drei Knaben hin, die sie ihm inzwischen geboren hat. Und das ist ein Zeugnis dafür, daß er von ihrem Erzählen so erfaßt und erfüllt war, daß er ihren Zustand gar nicht bemerkt hatte.

In Anbetracht von Märchensammlungen sprechen wir von Erzähltradition und Erzählgemeinschaften. Unter Erzähltradition versteht man, daß Märchen im engsten Kreis, in der Familie, von der Ahnl an die Enkelin, vom Vater an den Buben von Mund zu Ohr weitergegeben wurden, und die Ahnl hatte es wiederum von ihrer Ahnl in absoluter Treue zum überlieferten Wort. So berichtet es Elli Zenker-Starzacher noch aus den dreißiger Jahren des vorigen Jahrhunderts von einer deutschen Märchenerzählerin in Ungarn: »Die Märchen sind ihr etwas Heiliges, Unantastbares, das nicht verändert werden darf [...] Alle bedeutenden Märchenerzähler, die ich bis jetzt kennengelernt habe, fühlen sich zur höchsten Treue ihren Märchen gegenüber verpflichtet.«[14]

Was Erzählgemeinschaften bedeuten, ist in schöner Weise nachzulesen bei Gyula Ortutay in den von ihm gesammelten »Ungarischen Volksmärchen«.[15] Da berichtet 1938 der sechsundachtzigjährige Tagelöhner und Holzfäller Mihaly Fedics vom Märchenerzählen in seiner Kindheit und Jugend: »Früher gab es keine Lampe; in der Spinnstube leuchtete das Kaminfeuer, da saßen ringsherum die Frauen [...] Auch die Männer kamen herbei. Alle hatten sie einen Wollmantel, den falteten sie, legten ihn in der Stube auf die Erde und setzten sich darauf; oder aber, wem das besser gefiel, der breitete ihn aus und legte sich bäuchlings darauf. Sie sangen und erzählten dort auf der Erde liegend. Ich hörte meistens im Winkel zu, da hab ich mir alles in den Kopf reingesammelt. Die Männer erzählten. Es gab welche, die sagten bloß: ›Na, jetzt erzähle ich!‹ Wenn einer dann fertig war, meldete sich ein anderer, oder wenn keiner sich meldete, nötigte man einen: ›Erzähl du!‹

Beim Holzklaftern und beim Waldroden habe ich erzählt, und gelernt habe ich da auch. Hier gab's eine große Hütte, zu siebzig hatten wir darin Platz. In der Hütte haben wir die ganze Nacht erzählt. Wer erzählte, rief manchmal laut: ›Knochen?‹ Wenn dann geantwortet wurde: ›Fleisch‹ oder ›Ziegel‹, erzählte er weiter. Wenn das bloß zwei oder drei sagten, hörte er auf, weil nämlich auch beim Märchen den einen oder anderen der Schlaf überkam, wir waren ja den ganzen Tag an der Arbeit! – Aber ich, wenn er eine ganze Woche lang erzählt hätte, würde kein Auge zugetan haben.«

Hier ist das Märchen Lebensbegleiter: während der Tagesarbeit – Holzfällen, abends und bis in die Nacht hinein Märchen! Diese alten Erzähler hatten ein enormes Gedächtnis selbst für subtile Einzelheiten. Wir müssen das heute Konservierte erst wieder zu unserem eigenen Gedächtnis machen. Das ist Arbeit, wirkliche Arbeit. Es ist ein langer, arbeitsreicher, Liebe und Geduld fordernder Weg, ein Märchen aus der Hieroglyphe des Drucks wieder zum Leben zu erwecken.

Selbst der Berg gehorcht dem Wort

In den Märchen finden wir das Wort als magischen Schlüssel. Es hat wirkende Kraft. Man denke nur an das schlichte kleine Märchen vom »Süßen Brei«. Kein noch so flackerndes, flammendes Feuer bringt das Töpfchen zum Kochen; allein das dem Kind anvertraute unscheinbare und doch einzig wirksame magische Wort – laut und tönend gesprochen – muß kommen, sonst geschieht nichts: »Töpfchen koche!« Und wiederum: Das Töpfchen fließt über ins alles überflutende Unheil, wenn nicht das andere magische Wort kommt: »Töpfchen steh!« Das Wort bringt Feuer, das Wort bringt die Stille.

In dem Märchen »Simeliberg« rufen die zwölf gewaltigen Männer, die wie Räuber aussehen, aber vielleicht gar keine sind, vor ihrer Höhle: »Berg Semsi, tu dich auf!« – und der Berg tut sich vor ihnen auf, er gehorcht dem Wort. Innen im Berg liegen die

gehäuften Schätze von Gold und Edelsteinen. Der reiche Bruder, der dann in die Höhle gerät, vergißt in seiner Gier den wahren Namen. Vergebens ruft er: »Berg Simeli, tu dich auf!« Der Berg regt sich nicht. Nur das rechte Wort hat Schlüsselgewalt.
Deren Beispiele gibt es noch mehr, auch Beispiele, in denen ein schlimmes Wort zur schlimmen Wirklichkeit wird. Ein Vater ruft im Ärger: »Ich wollte, daß die Jungen alle zu Raben würden!« Und sie werden es (»Die sieben Raben«); ein anderer ruft wütend: »Ich will ein Kind haben, und sollt's ein Igel sein!« Und sie bekommen ein Kind, halb Junge, halb Igel (»Hans mein Igel«).

Wie Kinder für markante Worte ein Gehör haben, dafür gibt Charlotte Rougemont in ihrem Buch »... dann leben sie noch heute«[16] ein treffendes Beispiel. Ein vier- oder fünfjähriger Junge bittet die Mutter: »Erzähl mir wieder von ›Paleibo‹!« Sie sagt, sie wisse nicht, was er meine, das kennen sie nicht. Er beharrt: »Doch, Mutti, das war so schön!« Eines Tages liest sie ihm das Grimmsche Märchen »Brüderchen und Schwesterchen« vor, und als sie nun an die Stelle kommt, wo der König an das Bett der Frau treten will, um das neugeborene Kind zu sehen, und die Kammerfrau, die alte Hexe, ruft: »Beileibe! Laßt die Vorhänge zu ...«, da jubelt der Kleine: »Paleibo! Da ist es ja, Mutti! O wie schön: Paleibo!«

Ebenso originell scheint mir, was Christine Nöstlinger im Rahmen einer Buchbesprechung[17] anführt: »Ich habe einmal unmütterlich, wie ich schon immer war, zu meiner fünfjährigen Tochter gesagt: ›Würden Ihro Gräßlichkeit tunlichst im Gegreine pausieren?‹ Worauf das gute Kind das Geplärr nicht nur schlagartig einstellte, sondern auch in den folgenden Wochen immer grundlos zu greinen anhob, nur um den ›schönen Satz‹ wieder zu hören.« Und die Märchenerzählerin Vilma Mönckeberg berichtet von ihrer fünfjährigen Enkelin, die bei einem Besuch in Bremen schon enttäuscht war, daß sie im Hotel und nicht im Räuberhaus übernachteten, und, als man sie vor die Bronzeplastik der Bremer Stadtmusikanten vor dem Rathaus führte, nur einen kurzen Blick darauf warf, sich abwandte und sagte: »Erzählt mag ich sie lieber!«

Zum Erzählen der Märchen

Jeder kann erzählen! Kann es wirklich jeder?

Heutige Märchenerzähler werden oft bewundert ob ihrer Ausdruckskraft und ihres Gedächnisses. Deshalb meinen viele Menschen, diese Kunst sei nur einer erlesenen Schar vorbehalten. Wer aber noch Erzähler in abgelegenen Dörfern erlebt hat, kann berichten, daß es sich dabei oft um ganz einfache Menschen gehandelt hat, ohne hohe Bildung oder außerordentliche Begabungen. Das wurde ja schon im vorangegangenen deutlich. Wie ist es heute? Kann es vielleicht jeder versuchen? Oder kann es vielleicht sogar jeder? Manch einer ist heute dieser Meinung.

Ist es so einfach? Freilich stimmt es, daß in abgelegenen Dörfern Irlands noch vor kurz vergangenen Jahrzehnten solche »einfachen Menschen« als Erzähler anzutreffen waren. Frederik Hetmann schildert eine solche Begegnung:

»In Irland erlebte ich meine ersten Märchenerzähler auf der Farm der Familie McDonough [...] Es waren alle Junggesellen, aus deren Kleidern es ein bißchen müffelte [...] Die Alten ließen sich vor dem Torffeuer zwei Löffel voll Whiskey ausschenken – tatsächlich genossen sie den Whiskey per Eßlöffel! –, dann stand der eine auf, stand locker da und erzählte stehend. Drei, vier Stunden erzählte er in einem fort. Und ich ließ meine Augen nicht von seinen Lippen. Drei, vier Stunden. Der Alte war plötzlich ein anderer Mensch. Erzählen heißt von einem Wunder reden und die Zeit anhalten. Oder wenigstens doch: jene, die zuhören, die Zeit vergessen zu lassen. Ich habe diesen Erzähler mehrmals gehört. Er hieß Jamie O'Driscoll und war 62 Jahre alt. Eines Abends sagte er eine Ballade von 96 Strophen auf, die er zwanzig Jahre nicht mehr rezitiert hatte: ein wilder Ritt von Geisterpferden, Flußfahrt, Vogelrauschen, durch sieben Reiche der Anderswelt ...«[18]

Von unserer Warte her gesehen, gehört eine solche ungewöhnliche Begabung – im Erzählen gar »ein anderer Mensch« zu werden! und über einen solchen Fundus an Geschichten zu verfügen – bei aller Einfachheit, ja vielleicht Bildungslosigkeit innerhalb der gegenwärtigen Zivilisation in den Ausnahmebereich.

Auf unsern Dörfern finden wir jedenfalls dergleichen nicht mehr. Falls sich da die Männer am Stammtisch versammeln, erzählen sie ihre Kriegsabenteuer, Rennfahrergeschichten oder anrüchige Anekdoten – aber keine Märchen. Solche dörflichen Märchenerzähler gibt es in unseren Breiten schon lange nicht mehr.

Und zu unserem Bedauern muß Frederik Hetman gegen Ende seines Nachworts auch von den Märchenerzählern in Irland sagen:

»They fade away, sie bleichen dahin, versinken in Vergessenheit, sagte mir Padraie O'Tailliur, Antiquar und Herausgeber einer Reihe von dokumentarischen Bänden der Folklore-Kommission, als ich mich im Oktober 1977 mit ihm in Dublin unterhielt. Es kann nun vorkommen, daß man im Westen die örtlichen Märchenerzähler im Wirtshaus an der Straßenkreuzung trifft – beim Fernsehen. Sie erzählen nicht mehr das sieben Abende dauernde Episoden-Märchen vom ›Schwarzen Dieb‹. Sie sehen sich die letzte Folge von ›Bonanza‹ oder ›Raumpatrouille‹ an.«

Es muß heute ein ganz neues Verhältnis zu den Märchen gefunden werden. Selbst wer in seiner Kindheit von Vater, Mutter oder Großmutter noch Märchen gehört hat, wird deswegen nicht ohne weiteres zum Erzähler. Junge Eltern haben heute eher Scheu, sich da hineinzubegeben. Schon den Kindern Grimmsche Märchen vorzulesen, erfordert Mut.

Wenn also gesagt wird, erzählen könne jeder, so ist das blanke Theorie. Man kann damit zwar gewiß Zögernde animieren, doch wenn auch jedem von uns das Reden gegeben ist, so kann man noch lange nicht aus jedem auch schon einen Erzähler machen. Von der Fähigkeit, sich in Worten ausdrücken zu können, wenn es um eigene Bedürfnisse oder Erlebnisse geht, bis zum Beherrschen der Sprachkraft im Erzählen einer fremden Geschichte, ist ein weiter Weg. Im Handumdrehen wird keiner zum Erzähler.

Ein Vergleich: Kann man einen jeden, der singt, flötet oder pfeift, Klavier oder Klampfe spielt – ob aus Vergnügen oder weil die Haustradition es so fügt – bereits als Musiker bezeichnen? Zwischen dem Musizieren im häuslich-geselligen Verbund und einer professionellen Interpretation im Konzert besteht ein markanter Unterschied. Welch hohes formales und künstlerisch einfühlsames musikalisches Naturell muß der Konzertierende heute mitbringen, um ein anerkannter Musiker im Konzertsaal zu sein!

Auch zum Erzählen gehören angeborene Lust und Begabung. Daran ist nicht zu deuteln. Begabung ist die Voraussetzung allen Bemühens. Die Begabung kann durch Schulung geweckt und gefördert werden. Sie kann und muß entfaltet werden durch Übung und immer wieder Übung.

Es ist hier vom Märchenerzählen in einem öffentlichen Wirken die Rede, vor allem vor Erwachsenen. Das fordert ein hohes Maß an Sprachsicherheit und Einfühlungskraft, an Konzentration und Intensität. Erzählen heißt, einen fremden Vorgang, ein fremdes Ereignis entstehen und vergehen zu lassen, als handle es sich um ein eigenes Erleben, nicht um einen Bericht von etwas Vergangenem, sondern so lebendig, so durchwärmt und straff zugleich, als geschehe es jetzt und in diesem Augenblick. Die Sprache ist der Reichtum des Erzählers. Er kann diesen Reichtum salopp verschludern; er kann aber auch staunend erkennen, welche Macht ihm damit gegeben ist. Ohne requisitäres Beiwerk, ohne technische Hilfen, nur mit dem bescheidensten Mittel, der menschlichen Stimme und ein paar sparsamen Gesten, kann er das Gewöhnliche und das Ungewöhnliche, das offen zu Tage Liegende und das sich geheimnisvoll Verbergende ins Wort bannen. Er spricht, und es ereignet sich. Es gibt sich beiläufig und ist doch schöpferische Gestaltung. Gelingt es dem Erzähler, so zu erzählen, daß die Hörenden ihn selbst vergessen, daß sie den Ort und die Zeit vergessen, dann ist das Märchen ganz gegenwärtig.

So vor Erwachsenen. Hat der Erzähler Kinder vor sich, Schulkinder oder gar die Kleinen eines Kindergartens, muß sich seine Erzählintensität völlig verwandeln: Nicht weniger innerlich konzentriert, aber leiser, legerer, zurückhaltender, fast ein wenig mit dem Frageton im Untergrund: Was meint ihr, wie es wohl weitergeht? Kommt mit.

Noch wieder anders wird man erzählen vor einem einzelnen Kind oder zwei, drei Geschwistern. Da verbietet die Nähe jedes laute Zuviel. In nächster Nähe von Mund zu Ohr – es ist eine Sphäre reinen Vertrauens.

Natürlich kann jedes Märchen von einer Frau oder einem Mann gesprochen werden – sollte man meinen. Aber es bekommt doch jedesmal einen anderen Klang. Das dänische »Klein-Mette« von einem Mann, gar einem jungen Mann erzählt? Da stimmt etwas nicht. Dieses Märchen braucht Frauencharme! Auch »Aschenputtel« hört sich überzeugender an aus Frauenmund, und nicht minder »Jungfrau Maleen«. – Andererseits gehört eine Gabe sonorer Behaglichkeit dazu, die Geschichte vom »Hasen und vom Swinigel« zu erzählen. Es ist eine handfeste Männergeschichte im wohligsten Platt.

Ich fasse zusammen: Kein Erzähler fällt vom Himmel. Aber er muß bei seiner Geburt etwas von dort mitbringen, was ihn befähigt, Erzähler zu werden. Bis er gut erzählen kann, muß er viel arbeiten. Es bedarf einer nie abreißenden Liebe zum Märchen, ja einer nie abreißenden, unbefangenen Neugier, immer Neues darin zu entdecken. Beginnt er dann zu erzählen, so darf von

aller aufgewendeten Arbeit nichts mehr zu spüren sein. Das Märchen hat dann sein Eigenleben in ihm gewonnen und spricht sich selber so aus, als entstehe es in diesem Augenblick.
Man kann Märchenerzählen heute zu seinem Beruf werden lassen. Ausbildungshilfen dazu werden angeboten. Man kann sich dann Schulen, Bildungsstätten, Bibliotheken und anderen Institutionen als Erzähler empfehlen und einladen lassen. Ob man von den Einkünften daraus, den Honoraren, auch leben kann, ist eine andere Sache. Selbst als ich schon einen Ruf als Erzähler hatte und fast fortlaufend Kurse und öffentliche Märchenabende hielt, hätte ich nie vom finanziellen Ertrag daraus leben können.

Gibt es ein »Entdeckerrecht« am Märchen?

Nun geschieht es freilich oft genug, daß jemand von einem anderen ein Märchen hört, ein spannendes Märchen und gut erzählt – er findet es großartig und verleibt es dann seinem eigenen Repertoire ein, des Erfolges sicher, denn es ist ja erprobt. Bei Grimmschen Märchen ist das auch absolut rechtens. Sie sind im deutschen Sprachraum ein Staatsschatz, der durchweg allen gehört. Ja, sie sind »Weltliteratur«. Niemand wird da auf eines der Stücke speziellen Beschlag legen. Das mag auch noch für viele weit bekannte norwegische, russische oder andere europäische Märchen gelten.
Aber je weiter abgelegen und in fremdländischen Bezirken beheimatet, je unbekannter die Sammlung, desto bedeutsamer wird eine solche Übernahme. Wenn ich nämlich aus den Aberdutzenden Märchenbüchern der Völker mit ihren vielhundert, ja tausend gedruckten Märchen aller Art mir eines nun besonders gewählt, es mir einverleibt und schließlich geglückt erzählt habe

und gerade diese meine Entdeckung wenig später von einer nachbarlichen Stimme auch erzählt höre, so schmerzt das.

Doch muß ich mich damit abfinden. Ich kann nicht einmal ausschließen, daß wir unabhängig voneinander gleichzeitig dieselbe Entdeckung gemacht haben. Und wenn nicht – wer wollte die Übernahme verbieten? Es herrschen in unserem Raum keinesfalls jene strengen Gesetze des Orients oder Nordafrikas, wo das Erzählgut eines Erzählers einen unantastbaren, kapitalgleichen Besitz darstellt und ein Zugriff fremder Zunge Diebstahl bedeutet. Keines der Märchen, die ich erzähle, ist mein persönliches Eigentum; ich habe sie alle aus dem reichlich dargebotenen Vorrat an Gedrucktem – genau besehen – nur ausgeliehen. Eine orginale Überlieferung von der Ahnl an die Enkelin, wie sie in den dreißiger Jahren des vorigen Jahrhunderts in einer deutschen Enklave im Ungarischen noch existierte, gibt es in unseren Zonen längst nicht mehr. Wir sind keine »alten« Erzähler, wir sind aus der Eigenlust am Märchen erwachte »Neue«, jeder auf sich selbst gestellt.

Von der Märchenerzählerin Vilma Mönckeberg hörte ich einmal, daß sie es abgelehnt habe, »ihre« Märchen an andere weiterzugeben. Ihre Einstellung war: »Wer erzählen will, soll selber suchen.« Und doch hat sie hilfreicherweise zwei Bände »Märchentruhe« mit kindergerechten Geschichten aus aller Welt herausgebracht.[19] Damit übergab sie natürlich auch ihr eigenes Erzählgut der Öffentlichkeit. Alles gehört allen. Was der einzelne damit anfängt, ist seine Sache.

Vom Titel der Märchen

In einem Buch hat jedes Märchen seinen Titel. Das Inhaltsverzeichnis summiert sie aufs schönste mit den Seitenzahlen, und man kann leicht ein gesuchtes Märchen finden. Der Titel erscheint unseren Augen als das allererste am Märchen,

aber er ist gewiß das letzte daran, nachträglich darübergesetzt. Erst mußte das Was und Wie vorhanden sein, dann konnte man dem in die Welt Getretenen einen Namen geben, ein Erkennungszeichen.
Feststehende Titel wurden erst geschaffen, als die Märchen in die Literatur eingingen. Mit der Fixierung im Druck mußten sie der Unterscheidung wegen von den Sammlern zugefügt werden. Ich bin sicher: Je weiter wir in das Mündliche zurück die Märchen verfolgen, in ihr ursprüngliches nur erzähltes Dasein, desto weniger gab es eindeutige Titel.
Sind die Titel damit nebensächliche Anhängsel? Können wir als Erzähler auf sie verzichten? Wir können nicht. Es geht nicht an, lediglich von einer »Geschichte« zu sprechen, die wir erzählen wollen, schon weil wir interessierte Hörer unter uns haben, die, was sie zu hören bekamen, wiederfinden wollen. Sie verlangen Titel und Quelle zu erfahren. So sind die Titel zum unverzichtbaren Bestandteil der Märchen geworden. Wie geht man als Erzähler damit um?
Bei Märchen der Brüder Grimm habe ich den Titel durchweg zuvor angegeben, ruhig gesagt, ohne geheimnistuerischen Beiklang. Manche Titel enthalten in sich schon genug des Geheimnisvollen, als da sind so ungewöhnliche Namen wie Fundevogel, Fitchers Vogel, Rapunzel, Jorinde und Joringel; auch Sneewittchen und Dornröschen gehören hierher, sie haben nur durch ihr Allzubekanntsein ihre Aura verloren. In solchen Namen verbirgt sich ein Konzentrat, eine Verdichtung. Andere Titel klingen dann wieder farblos neutral. So läßt die knappe Ansage des umfangreichsten der Grimmschen Märchen »Die zwei Brüder« keinesfalls vermuten, welche Bündel an Schicksalen von gleich zweimal zwei Brüdern da eingeschnürt sind. – Die Grimmschen Titel wurden also immer im voraus gesagt.
Bei einigen fremdländischen Märchen lasse ich jedoch die Nennung des Titels aus, verspreche jedoch ihn nachzureichen.

Das gilt zum Beispiel für das zarte chinesische Märchen »Die Blumenelfen«.[20] Die voll Liebreiz auftretenden Mädchen und ihre Frösteln verbreitenden Tanten enthüllen ihre Identität erst sehr spät im Verlauf der Geschichte, und gerade in dem langen Ungewißbleiben ihrer wahren Wesenheit liegt der Reiz – daß sie nämlich Elfen und keine gewöhnlichen Mädchen sind.

Auch wenn ich die chinesische Legende vom kleinen Tschu erzähle, der den Tempel voller Götterstatuen fegen soll, reiche ich den Titel »Die Götter gehen spazieren« nach. Tschu bringt es doch wahrhaftig mit seiner inständigen Bitte fertig, daß die Götter ihre Standplätze verlassen und herumwandeln, bis er gekehrt hat. Damit darf man nicht schon vorher hereinplatzen.

Ebenso wichtig ist das Zurückhalten des Titels bei der turkestanischen Parabel von dem törichten Taglöhner, der zu Gott geht und sich Glück und Reichtum erbittet, was ihm Gott auch zusagt. Doch der Dummkopf rennt auf dem Heimweg an den schönsten Gaben und Gelegenheiten vorbei und endet im Wolfsrachen. Er hat nicht gemerkt: »Das Glück lag am Wege.«

Schließlich sei noch aus »Tausendundeiner Nacht« die Geschichte von dem geschundenen Lastträger erwähnt, den es, einem Traum folgend, auf der Suche nach seinem Glück von Bagdad nach Kahira treibt. Dort wird er halbtot geprügelt, seines Traumes wegen verhöhnt und heimgejagt. Daheim gräbt er einen unermeßlichen Schatz aus, den ihm der Zuchtmeister von Kahira in seinem Hohn verraten hat. Siehe, der Irrweg stellt sich heraus als »Wunderbare Erfüllung eines Traumes«.

Es kann aber auch geschehen, daß es einem als Erzähler wehtut, einen Titel verändert zu finden. In den »Norwegischen Volksmärchen«[21] steht die humorvolle Geschichte »Der Bursche, der um die Tochter der Mutter im Winkel freite«. Der weitschweifige Titel paßt genau auf die vertrackten Vorgänge. Der hochgeschätzte Kenner und Analytiker der Volksmärchen Max Lüthi zieht in seiner sonst ausgezeichneten Sammlung »Europäische

Volksmärchen«[22] diesen Titel zusammen in »Der Bursch, der die Rattenprinzessin freite«. Tut er das, weil ihm die unbestimmte Dehnung in »die Tochter der Mutter im Winkel« zu lang und zu vage schien? Der Wissenschaftler sagt klipp und klar, worauf es hinausläuft. Schade. Fürs Erzählen finde ich die Kürzung »Rattenprinzessin« voreilig und ernüchternd. Ich werde sie auf keinen Fall verwenden.

Grenzen der Aneignung – Märchen in Mundart

Es gibt Gegensatzpaare in den Märchen. Sie passen zueinander in einem besonderen Sinn: Das eine Märchen prägt den Charakter seines Trägers sagen wir deutlich nach der rechten, das andere ebenso deutlich den Charakter nach der linken Seite des Lebens aus. Sie demonstrieren ein exemplarisches So oder So.

Ein solches Gegensatzpaar von Märchen sehe ich in den Grimmschen »Hans im Glück« und »Von dem Fischer und syner Frau«. Beide strotzen von Geschehen, überstürzen sich in Kaskaden von Immerzu, Immerweiter, Immeranders. Aber ihre Abfolge hat ein gegenläufiges Ergebnis: Hans, dem alles mißlingt, der alles verliert, nie dem Verlorenen nachtrauert, endet »mit leichtem Herzen« als Glücklichster unter der Sonne. So fühlt er sich. Er bringt am Ende das Glück eines weisen Toren in das Haus seiner Mutter – wobei offen bleibt, wen wir uns unter dieser Mutter vorzustellen haben.

Daß sich die Fru des Fischers zunächst aus der erbärmlichen Kargheit im Pißput nach etwas Wohlstand sehnt – wer wollte ihr das verdenken? Der Fischer schlurft zur See zurück, und der Butt gewährt den Wohlstand. Alles könnte gut sein. Aber das gewöhnliche Wohlsein und Behagen reicht der Beschenkten nicht. Sie probiert, fordert noch etwas dazu – und es gelingt, der Butt gibt nach; er gewährt! Damit erwacht eine maßlose Gier nach mehr und mehr. Die Fru wird unersättlich. Der Fischer muß laufen. Sie wünscht, ja sie erpreßt sich in immer verstiegenerem Anspruch immer höhere Thronsitze, bis sie sich schließlich den vermessensten Zugriff anmaßt, den nach der gottgleichen Macht über die Schöpfung. – Es ist schon lange zuviel. Sie landet und muß landen, wo sie zu Anfang saß, im Pißput.

Dieser Wettstreit zwischen dem allmachtgesättigten Butt in seinem scheinbar widerspruchslosen Gewähren und der aus allen Fugen geratenen menschlichen Seele in ihrer versucherischen Gier, kann einen wahrlich zum Erzählen reizen. Hat ihn Philipp Otto Runge doch in einer faszinierenden Sprache gesetzt, mit unauswechselbar treffenden Wendungen – in Platt, leider, muß ich für mich sagen.

Denn ich beherrsche kein Platt, und es mir nur anzustümpern, verbietet sich von selbst. Mit »Hans im Glück« habe ich mich angefreundet, schon lange. Er ist im geliebten, normalen Deutsch niedergeschrieben, und ich erzähle ihn immer wieder mit Vergnügen. Wie gerne hätte ich auch »Von dem Fischer und syner Frau« in meinen Erzählschatz aufgenommen; es blieb mir gänzlich versagt. Der Dialekt setzt die unüberschreitbare Grenze.

Freilich gibt es die Geschichte auch hochdeutsch übertragen und heißt dann korrekt »Vom Fischer und seiner Frau«. Ich hätte sie so übernehmen können, aber da sträubte sich etwas. Wenn auch die Fakten in ihrem Ablauf hier wie dort die gleichen sind, so hören sie sich im Hochdeutschen nüchterner, schärfer, härter an – das Märchen ist nicht mehr dasselbe. Sein heimischer Klang, der Unterton an Charme und Behagen ging verloren.

Schon »Pißput« ist unübersetzbar. Was hochdeutsch dafür eingesetzt wird, banalisiert oder verharmlost. In einem Bilderbuch las ich: »die wohnten in einem Nachttopf« – nein, unmöglich! In einer populären Gesamtausgabe heißt es: »in einer kleinen Fischerhütte« – das umschreibt zwar äußerlich die Behausung

und sagt doch nichts von dem, was »Pißput« sagt. Mag die Übertragung im übrigen sogar sachlich wortgenau sein, das Orginal in seinem sphärischen Stimmungswert bleibt unerreichbar.
Aus Mangel an Platt mußte ich mir ebenso den verschmitzten »Wettstreit zwischen Hase und Swinegel« versagen. Aber den hörte ich mehr als einmal aus dem Munde der Freundin Erika Hofmann-Tidten, sie beherrschte das Platt vollendet, und es war jedesmal ein reiner Genuß; in ruhiger Wiedergabe ein Meisterstück von Erzählkunst. So etwas gibt es dann: daß man sich zur puren Freude die gleiche Geschichte wann immer möglich erneut zu hören wünscht. Es geht dabei nicht so sehr um ästhetische Feinschmeckerei als vielmehr um das vielleicht kindlich anmutende Verlangen nach der heiter erquickenden, gemüthaften Kost. Die vermittelt dieses Stück in seiner Mundart. Aber man muß es erzählen können.

Nun einen Sprung in den Süden. Auch die Schweiz hat der Grimmschen Sammlung eine Mundart-Märchen Sammlung beigesteuert, in gediegenem schweizerischem Alemannisch verfaßt »Der Vogel Greif«. Da wird einem König für seine immerkranke Tochter prophezeit, »si werd se an Öpfle gesund ässe«. Aber Ueli, dem ältesten der Bauernburschen, verwandeln sich die rotbackigen Äpfel unterwegs in »Fröschebai«; Sämi, dem zweiten – beide verweigern dem kleinen »isigs Manndle«, das ihnen begegnet, die Auskunft – in »Seüborst« (Sauborsten); nur Hans der jüngste bringt die gesundenden Äpfel zum Hof, erhält aber noch lange nicht die versprochene Königstochter. – Obwohl ich seit Jahrzehnten im alemannischen Raum lebe, bin ich doch in der alemannischen Sprechweise nicht selbstverständlich zu Hause, und so köstlich mich die Geschichte vom Vogel Greif anmachte, ich musste sie lassen.
Dann aber lernte ich einen Jüngeren kennen, der kann die Geschichte wirklich erzählen. Er erzählt sie in leicht gemäßigtem

Ton und doch kernig auf alemannisch, aus profundem Vertrautsein mit dem Idiom seiner Kindheit.
So zeigt sich, daß es Grenzen gibt, die der Erzähler nicht überspringen kann. Er muß sich damit abfinden, daß ihm diese oder jene wünschenswerte Aneignung von Natur aus versagt bleibt. Es wäre kaum von Nutzen, in eine hochdeutsche Übertragung einzusteigen, das Orginal bliebe und bleibt unerreichbar.
Abschließend könnte man noch dem Phänomen nachgehen, warum sich die Schweizer das Umgekehrte leisten: Sie übertragen die in Hochdeutsch verfaßten Grimmschen Märchen in ihr angestammtes Schwyzerdütsch. Mir liegt so eine Ausgabe vor: »De Fundevogel. Märli von de Brueder Grimm, verzellt vom Fritz Senft; Bilder vom Roland Thalmann.«[23] Das Buch enthält 22 der bekanntesten Grimmschen Märchen, übernommen aus der Urfassung. Warum die Übertragung? Offenbar hat Hochdeutsch in der Schweiz, sagen wir im Volk, weitgehend schon das Odium einer Fremdsprache. Des Volkes Ohr verlangt den heimischen Klang, nur so wird das »fremde« Märchen eingängig, überzeugend, vertraut – vor allem für Kinder. Ich habe so von Schweizer Kindergärtnerinnen »Der Wolf und die sieben Geislein« gehört. Allerdings verstand ich nun überhaupt nichts mehr. Für unsereiner wird in solchem Fall gesprochenes Schwyzerdütsch eben auch zu einer Fremdsprache. Die gedruckten Geschichten von Fritz Senft hingegen kann ich gut lesen und finde sie absolut gelungen und herzhaft. Die Brüder Grimm könnten nichts dagegen sagen.

Vom Drum und Dran

Ein Kapitel der Widrig- und Seltsamkeiten darf nicht fehlen, die einen überraschen können bei öffentlichem Auftreten an immer anderen Orten, bei durchaus freundlichster Meinung seitens der Veranstalter.

Dies sei vorausgeschickt: Ich mag keine Auffälligkeiten als Erzähler, trage keine Russenbluse, keinen Rollkragen- oder Schlabberpullover, würde mich auch nicht fetzig mit zwei Knöpfe weit offenem Hemd vor die Menschen stellen, um ja orginell zu erscheinen. Ich trage Jacke und einfachen Binder, wie irgend ein Jedermann im Saal. Die Leute sollen nicht an meiner Krawatte herumrätseln oder sich sonstwie Gedanken über mein Äußeres machen, sie sollen meine Worte hören. Mein einziger Aufwand ist und bleibt das Wort. Wenn das Wort die Menschen nicht erreicht, hilft alles andere auch nicht. Für Erzählerinnen gelten wohl andere Gesetze. Sie kleiden sich gerne für ihr Publikum in ein schönes Gewand. Da spielt für das Auftreten auch die Kleidung eine Rolle.

Vertieft eine brennende Kerze die Märchenstimmung? Ja, in einem kleinen Kreis kann sie das sehr wohl. Aber auch das hat Grenzen; sie sollte nicht die einzige Lichtquelle bilden. Ich erlebte es einmal so:

Unter dem massiven Gebälk im Stiegenraum eines Bauernhofes hat sich ein Dutzend Freunde der Hausherrin versammelt. Die Jüngeren sitzen mit untergeschlagenen Beinen auf den Dielen des Vorplatzes, die andern auf den Kanten und Stufen auf und ab. Eine einsame dicke Kerze, in einen Blumenkranz hineingarniert, gibt, so gut sie kann, ihr sparsames Licht. Hinter den Balken hervor, von oben herunter und aus den Winkeln kommt, je länger, desto stärker, die Dunkelheit. Ich erzähle, aber die Dunkelheit bedrückt mich, will mich schlucken. Ich muß mich wehren. Solche radikale Romantik hilft mir nicht, und ich atme auf, als der Abend vorbei ist. Dann doch lieber hell und keine gemachte Schummerigkeit.

An einem anderen Ort hatten sie mir zum Vortrag wahrhaftig einen Großvaterstuhl mit Ohrenklappen bereitgestellt, ein echtes »antikes« Stück, bezogen mit verblaßtem blauem Samt; irgendwo aufgetrieben, und sie waren stolz darauf. Ich sagte:

Nein, so nicht. Wenn ich schon sitzen soll, dann auf einem gewöhnlichen Stuhl, auch nicht mit Armlehnen. Aber ich stehe lieber im Sprechen; da bin ich frei. – Ich stand durchweg in meinen Kursen und Vorträgen, bis mir das Alter gebot: Sei vernünftig, du kannst ruhig auch im Sitzen erzählen.
In einer Schule in Schwaben durchfuhr mich ein lähmender Schrecken, als ich den Vortragsraum betrat, zum Glück früh genug. Es war die Turnhalle. Sie hatten die Stühle in einer Endloskette rings den Wänden entlang plaziert, wirklich ringsum, offenbar nach dem Muster: Wir machen eine Gesprächsrunde. Ich sollte einen Stuhl nehmen inmitten einer der Schmalseiten, also irgendeinen in der Kette, mit Nachbarn links und rechts. In der Mitte der Halle gähnte eine entsetzliche Leere – völlig unbesetzt. Ich lehnte ab. Wir waren früh dran. Die Helfer rückten die Stühle rasch zur Mitte in ein solides Halbrund mit Reihen hintereinander, und ich bekam ein echtes Gegenüber von Zuhörern, wie es mir lieb war.
Oft ließ sich auch nichts zurechtrücken, weder an der ungewöhnlichen Lokalität, noch an verblüffenden Umständen. Sie wollten und mußten akzeptiert werden. Ich erinnere einige.
Ich sollte sprechen in einem Meraner Schloß, es war am Tag, einem Nachmittag, vor geladenen Gästen, und kam in einen Raum, den man Gemäuer der Vergangenheit nennen durfte, dunkles Ahnenbild an der Wand, Teppiche auf den Fliesen, schweres geschnitztes Mobiliar, kein Stuhl dem andern gleich – kurz: das Ambiente überstandener Jahrhunderte sah mich an, im Halbdämmer verstreut die kaum zwanzig Gäste herumsitzend, mir schräg gegenüber die schweigsame Herrin des Schlosses, Gelassenheit in Person, bis ins Mark prüfend die Augen auf mich gerichtet. Da brauchte es schon Mut, die Befangenheit abzutun, die Stille zu überwinden.
Dazu ein prosaisches Gegenstück. Der Oberstudienrat eines Gymnasiums, an Märchen interessiert, hatte mich auf dem Kon-

greß in Bad Karlshafen wahrgenommen. Er sprach mich an, meinte, so ein Erzählen zu hören täte auch einmal den Oberschülern seiner Anstalt gut. Die seien nur gewohnt, Informationen aufzunehmen, diskutierend mit Texten umzugehen. Was lebendige Sprache sei, wüßten sie nicht. Er lud mich ein: »Kommen Sie!« Das Gymnasium habe ohnehin Jubiläum, da lasse sich mein Auftreten gut als Sonderveranstaltung in den Unterricht einfügen. Ich sagte ja. Aber dann verschlug es mir schier den Atem, als ich sah, auf was ich mich eingelassen hatte. Es waren die letzten beiden Vormittagsstunden. Man führte mich in die riesige Aula. Siebenhundert Plätze gähnten mich an; noch leer. Dann kamen die Schüler herein, gestandene junge Damen und Herrn, etwa 200 an Zahl. Es gab da in den drei Klassen Oberstufe mehrere Parallelzüge. Ich war Luft für die Hereinflapsenden. Sie ließen sich Zeit, lümmelten sich in die Reihen, verzogen sich bis in die hintere Hälfte, mußten nach vorn und in die Mitte gebeten werden, demonstrierten aber in jeder Geste absolute Gleichgültigkeit. Von manchen sah man überhaupt keinen Kopf, dafür die Füße auf die Vorderreihe gestreckt. Ich sollte von der Bühne herunter sprechen, aber da war ich viel zu weit weg, viel zu hoch über denen da drunten. Ich mußte an sie heran, stellte mich in den Gang vor die Bühne und begann auf gut Glück mit dem »Geist im Glas«; ließ die Götter für den kleinen chinesischen Tschu spazieren gehen und führte ihnen eine vietnamesische Studentengeschichte vor mit einem blitzartig gelebten Lebenslauf.

Nach und nach geschah das Unwahrscheinliche: Die Füße verschwanden von den Vorderlehnen, die Köpfe richteten sich auf, die jungen Damen und Herren setzten sich tatsächlich in die Senkrechte. Ich merkte, sie hörten mir zu. Einer rief: »Wissen sie auch was aus Amerika?« – »Ja, eines aus Mexiko. Es ist aber zu lang; ich erzähle eins von den ›Roraima-Indios‹.« Das war »Jaguar und Blitzstrahl« – endend mit dem Satz: »Siehst du, andere

Leute haben auch Kraft!« – Das saß. Nun waren sie offen, noch mehr zu hören. Es kamen die »Wunderbare Erfüllung eines Traumes« und »Die Zottelhaube« dazu. Die so schwierig begonnenen anderthalb Stunden endeten in Befriedigung. Das Märchen kann zaubern.

In einer Schweizer Schule kündigte mich der Klassenlehrer den Ein- und Zweitklässlern in seinem wärmsten Schwyzerdütsch an: »Liebe Chinder, jetz wird Üch de Herr Gieger e Märli verzelle!« (Ja, auch den Namen verschwyzerte er.) Ich mußte schlucken: Merkte er nicht, in was für eine Verlegenheit er mich brachte? Die »Chinder« erwarteten nun doch das »Märli« in ihrer Tonart. Aber woher nehmen? Schwyzerdütsch war für mich eine Fremdsprache. Ich begann zögernd, suchte mein Hochdeutsch so warm als möglich zu machen für »Brüderchen und Schwesterchen«, aber ob ich die »Chinder« wirklich mit meinem fremden Akzent erreichte?

Es fiel mir ohnedies immer schwer, vor Schulklassen oder sonst einer fremden Kinderschar zu erzählen, und gar als schwerste Aufgabe empfand ich es, wenn ich in einen Kindergarten gebeten wurde. Da kam ich mir eher ungehörig vor, der Ammenton lag mir nicht. Die Kleinen sind ihre »Bezugsperson« gewohnt, die Kindergärtnerin, von und mit ihr leben sie. Tritt da nun plötzlich ein Trumm von einem Mannsbild, gar mit Brille, vor sie hin – muß das für sie nicht eher zum Erschrecken sein als zum Freuen? Erzählerinnen werden mir widersprechen; sie mögen sich mit Kindern jeglichen Alters, auch den kleinsten wohlfühlen. Ich habe die weitaus meiste Zeit meines Lebens vor Erwachsenen erzählt. Das prägt schließlich den Stil.

Aber auch vor Erwachsenen kann man hie und da in Irritation geraten, wird man an einen Ort gewiesen, der primär anderen Handlungen und Verlautbarungen vorbehalten ist – zum Beispiel eine evangelische Kirche; das Erzählen kombiniert mit einem Kinderchor von Acht-, Neunjährigen, der Märchenlieder sang.

Und von wo aus sollte ich sprechen? Man bot mir die Kanzel an, dort hätte ich auch das Sprechgerät. Also ich auf der Kanzel stehend? Nie und nimmer. Ich brauchte und wollte kein Sprechgerät. Als Standplatz taten es die Stufen vor dem Altarraum auch. Aber was für Märchen erzählt man in einer Kirche, ohne die Würde des Raums zu verletzen? Ich wählte den »Eisenofen« von Grimm und das norwegische »Die sieben Fohlen«.

Wird man vor einem Vortrag bei der Begrüßung und Einführung schon reichlich mit Vorschußlorbeeren bedacht, ist das keineswegs förderlich und hemmt einen unbefangenen Beginn. Doch kann eine Begrüßung auch zu einem abkühlenden Ausrutscher werden. In einer großen Stadt kündigte der »Hausherr« den versammelten zweihundert Gästen mich, den Redner, der bereits neben ihm stand – an mit den Worten, daß nun kein »professional«, sondern ein Amateur, ein Dilettant zu ihnen sprechen werde; ein Dilettant im eigentlichen Sinne, dilettare heiße liebhaben, ergötzen – und zu dieser Auslegung fühlte er sich angeregt, weil ich ihm kurz zuvor, auf seine Frage, wie ich dazu käme, gesagt hatte, mein Verhältnis zu Märchen habe nichts mit Beruf zu tun, ich sei weder Psychologe noch Pädagoge, sondern reiner Liebhaber. Er machte den puren Dilettanten daraus. Die Leute wissen doch: »Ein Dilettant, das ist ein Mann, der etwas will, was er nicht kann.« Mir lief es kalt über den Rücken. Ich hätte vor Scham versinken mögen und mußte doch im nächsten Augenblick mit meinen Vortrag beginnen. – Zwar entschuldigte sich mein Vorredner zwei Tage später, seine philologische Neigung habe ihm da einen Streich gespielt, er sei seit dreißig Jahren Übersetzer. Er hätte, was er meinte, besser erklären sollen. Es sei auf keinem Fall negativ gemeint gewesen.

Vor dem zweiten Vortrag im selben Haus sagte mir dann im Foyer ein Mittdreißiger so im Vorübergehen: »Übrigens war ihr Vortrag vom Mittwoch alles andere als dilettantisch, er war ein Meisterstück!« – Nun genug vom Drum und Dran.

Von den Versen im Märchen und vom sprachlichen Biß

Hat der Erzähler mit einem Märchen begonnen, liegt die Alltagswelt hinter ihm. Die Sprache des Märchens führt ihn in ein anderes Land, kein fremdes Land, sondern ein ihm sehr vertrautes. Treten nun in einem Märchen Verse auf, so haben diese noch einmal ein besonderes Gewicht, eine verstärkte Ausstrahlung. Dafür sollte der Erzähler ein Gespür haben. Der sprachliche Ton ändert sich, er setzt den Vers ab von dem bis dahin Erzählten.

In »Brüderchen und Schwesterchen« raunt die nächtlich erscheinende junge Königin, nur der Kinderfrau hörbar:

»Was macht mein Kind, was macht mein Reh,
Nun komm ich noch zweimal und dann nimmermehr.«

Diese zwei Zeilen, so schlicht sie sind, künden ein unabänderliches Ende an; wenn jetzt nichts geschieht, ist jede Verbindung von der Königin zum König verloren. Sie geben der Kinderfrau Mut, dem König das Geheimnis zu sagen. Ich spreche diese Worte sehr ruhig, verhalten aus jenseitiger Ferne tönend.

Daß der Rhythmus eines Verses eine Steigerung in das angestaute Geschehen des Märchens bringt und die Erwartung wie den Ernst vermehrt, habe ich im »Froschkönig« erfahren. Es ist die Ankündigung am Tag nach der Brunnenbegegnung vor der Tür des Schlosses:

»Königstochter, jüngste,
mach mir auf,
weißt du nicht, was gestern
du zu mir gesagt
bei dem kühlen Brunnenwasser?

Königstochter, jüngste,
mach mir auf.«

Es ist nicht einmal mit Ausrufungszeichen versehen. Der Spruch kommt, so wie der Frosch unbeholfen aus seiner Brunnentiefe zum Schloß hüpfen muß, mit fast schwerer Zunge heraus, aus der Tiefe verlangend, ja bittend und zugleich ans Gewissen rührend. Denn die Königstochter hat leichtfertig ein bindendes Versprechen gegeben. Diesen Vers kann man nicht leichthin dreingeben. Er ist ein Herzstück des Märchens. – Auf einer Tagung hörte ich ihn in der Morgenrunde von einer jungen Dame gesprochen, spitz und flach und rasch, als rechthaberische Forderung herausgestoßen. Das hörte sich etwa so an:

»Königstochterjüngste machmirauf!!
Weißtdunichtwasgestern duzumirgesagt
beidemkühlenBrunnenwasser?!
Königstochterjüngste machmirauf!!«

Das Gesetz des unbeirrten ruhigen Wiederholens der Wahrheit gilt in »Sneewittchen« bei dem Spiegelspruch. So drängend die Königin auch fragen mag:

»Spieglein, Spieglein an der Wand,
Wer ist die Schönste im ganzen Land?«

Die Antwort bleibt so sicher wie verhalten:

»Frau Königin, ihr seid die Schönste hier,
aber Sneewittchen über den Bergen
bei den sieben Zwergen
ist noch tausendmal schöner als Ihr.«

Da darf auch nicht die geringste Spur von Triumph aufklingen. Die Wahrheit posaunt nicht, sie spricht sich einfach aus. Die Spiegelsprüche sind der Pulsschlag des Märchens.

Im »König Drosselbart« bietet sich ähnliches. Zur Bettelfrau geworden, wird die Königstochter bei der Hand genommen und vom Bettelmann zu Fuß schloßabwärts geführt. Und da kommen von ihr die staunenden Worte – und folgt ein ganzer Vers:

»Ach, wem gehört der schöne Wald?«
»Der gehört dem König Drosselbart;
hättst du'n genommen, so wär er dein.«
»Ich arme Jungfer zart,
Ach hätt ich genommen den König Drosselbart!«

Wer antwortet ihr? Ist es der Bettelmann? Nein. Ich halte es für einen Echoruf aus der verlassenen Königswelt, der ihr nachtönt. Also darf die Antwort der Zwischenzeilen keinesfalls grob und mit einem Ätsch (»Hättest du'n!«) daherstolpern. Der ganze Spruch bleibt sinnierend, der Königstochter wird in einem leise geführten Selbstgespräch deutlich, was sie versäumt hat. Grob und ernüchternd fährt sie der Bettelmann erst nach dem dritten Spruch an: »Es gefällt mir gar nicht, daß du dir immer einen andern zum Manne wünschst: bin ich dir nicht gut genug?« In den drei Versen von Wald, Wiese, Stadt erhält das Elend der Königstochter einen poetischen Glanz – und der sollte im Erzählen aufleuchten.

So haben viele der Grimmschen Märchen Einsprengsel poetischer Art. Wie seltsam in »Hänsel und Gretel«. Da ruft eine feine Stimme aus der Stube heraus:

»Knuper, Knuper Kneischen,
wer knupert an meinem Häuschen?«

Und die Kinder antworten:

»Der Wind, der Wind,
das himmlische Kind.«

Was sich da ausspricht, scheint aus dem Handlungsstrang völlig herauszufallen: »die feine Stimme« und »das himmlische Kind«, mit dem sich Hänsel und Gretel identifizieren. Es weht ein Hauch lyrisch-rhythmischer Entrückung, unmittelbar bevor dann die dramatische Vereinnahmung der beiden in das Hexenhaus erfolgt.

Auch von dem, was ich den sprachlichen Biß nenne, sollen zwei Kostproben folgen.

In »Tischchendeckdich, Goldesel und Knüppel aus dem Sack« – in dem übrigens die ganze Misere mit der nie sattzukriegenden Ziege sich in munteren Verschen abspielt – erhalten die drei vertriebenen Schneidersöhne am Ende ihrer Lehrzeit von ihren Meistern die wundersamen Gaben, das Tischchen, das stets die köstlichsten Speisen bereithält, den Goldesel, der hinten und vorne Goldstücke speit, und den handfesten Knüppel, den man nur zu rufen braucht. Es sind Zauberdinge – also sollte man im Erzählen auch spüren, daß Zauber von ihnen ausgeht. Beim Tischchen funktioniert es schon bei dem schlichten Spruch: »Tischchen, deck dich«. Aber gerade weil sich der Zauber so einfach auslösen läßt, muß der Spruch seine Qualität erhalten – durch den Erzähler. Ich setze ihn deutlich ab vom übrigen Geschehen, halte einen Moment den Atem an und spreche – (mit kurzer Spannungspause): »Tischchen, deck dich ...« Nicht laut, aber klar gestochen steht es im Raum, und der Zauber wirkt; schon steigt den Gästen der Geruch lieblich in die Nase.

Dagegen ist das Wort »Bricklebrit«, das den Goldesel zum Spendieren bewegt, an sich schon ungewöhnlich mit seinen zwei tanzenden »i« im üppigen Konsonantengarten; ein lustiges Wort und zugleich über allen Verstand: Aber es soll ja ein Wunder bewirken, also muß es Magie ausstrahlen. Der Zauber muß sich geformt und sicher im Sprechen vollziehen. Da ist die gelinde absetzende Pause Gold wert.

Wenn ich die Zauberworte in der gleichen Monotonie sage wie alles andere, geschieht eben nichts; ich informiere nur, und die herrliche Chance, im Erzählen für einen Augenblick selber Zauberer zu sein, ist vertan.

Kehren wir noch für einen Augenblick in die Unterwelt ein. In dem Märchen »Der Teufel mit den drei goldenen Haaren« soll das Glückskind, um die ihm schon angetraute Königstochter behalten zu dürfen, aus der Hölle drei goldene Haare von des Teufels Haupt heimbringen. Dem Jungen selbst gelänge nie der vertrackte Griff; er bedarf dazu der gütigen Hilfe von des Teufels Ellermutter. Die Ellermutter laust und krault den Teufel in ihrem Schoß in Schlaf, bis er schnarcht, daß die Fenster zittern. Nun kommt der Kniff: »Da faßte die Alte ein goldenes Haar, riß es aus und legte es neben sich. ›Autsch!‹ schrie der Teufel, ›was hast du vor?‹ Und seelenruhig sagt die Alte: ›Ich habe einen schweren Traum gehabt, da hab ich dir in die Haare gefaßt.‹«

Und genau so geschieht es beim zweiten Mal. Wieder laust sie ihn, bis er schläft und schnarcht. »Da riss sie ihm das zweite Haar aus. ›Hu! was machst du?‹« Der Zorn des Teufels steigert sich beträchtlich. Aber er muß es auch ein drittes Mal über sich ergehen lassen: »Da faßte sie das dritte Haar und riß es ihm aus.«

In dem kleinen Verb »riß« liegt verdichtet der Schlüssel zur Dramatik, dem Teufel nicht nur sein Haar, sondern auch seine Geheimnisse zu den oberirdischen Nöten zu entreißen – und es gibt nebenbei dem Ganzen den Zug einer hintergründigen Komik.

Im Erzählen das Augenmerk auf die Tätigkeitsworte zu richten, bringt Gewinn. Sie schaffen die Handlung.

Der Erzähler und sein Märchen[24]

Unsere gedruckten Märchen gleichen Partituren. Sie liegen verschlossen in den Seiten eines Buches, wenn nicht tot, so doch erstarrt. Sie existieren, aber ihr Dasein gleicht einem verwunschenen Schlaf. Unsere Aufgabe als Erzählende ist es, sie daraus zu erwecken. Lesen wir sie, bedeutet dies durchaus eine Annäherung, wir holen sie in unsere Vorstellung herauf, wir nehmen zur Kenntnis. Aber Lesen bleibt eine einsame Kunst. Mag sein, das Märchen regt sich, aber im Für-sich-Lesen kommt es kaum zum wirklichen Erwachen. Erst das gesprochene Wort verleiht ihm Leben und Gestalt, es entsteht vor den Ohren der Hörenden Handlung, und es entsteht im Hören Gemeinschaft. Im gesprochenen Wort vibriert der ganze Mensch, denn im Sprechen wird der Mensch selbst zum Handelnden. Wir wissen, das Volksmärchen kennt keine Abstraktion, es ist reine Handlung, die sich zwischen den Agierenden, den menschlichen und übermenschlichen Wesen, abspielt.

Es genügt nicht, daß der Erzähler – ich bitte mir nachzusehen, daß ich hier die maskuline Form des Erzählers gebrauche, obwohl es mehr erzählende Frauen als Männer gibt, aber ich bin nun einmal ein Mann – es genügt nicht, daß der Erzähler sein Märchen gut auswendig lernt, wobei Auswendiglernen bereits ein ganz unzulänglicher Ausdruck ist; im Lernen liegt ja ein In-sich-herein-Nehmen, man muß in das zu Lernende eindringen. Einem alten Menschen fällt das gewiß schwerer als einem jungen. Als mir eine junge Frau einmal ein wenig stöhnend erklärte, »Denken sie, ich habe vier Stunden gebraucht, um ›Jorinde und Joringel‹ zu lernen«, sagte ich zu ihr: »Sie Glückliche! Mich hat das Textieren Tage gekostet.«

Bis ein Märchen wirklich Eigentum des Erzählers wird, können nach den Stunden des Lernens noch Wochen und Monate vergehen. Er erzählt es am Abend zunächst sich selbst, umkreist im Alleinsein mit dem Märchen das menschlich Bewegende, das ihn darin angezogen hat, dann geht er mit ihm in den Schlaf. Er muß es beschlafen, das heißt bewußt mit in seine Nächte hineinnehmen. Er wird am Morgen mit ihm erwachen. Das kann sich eine längere Zeit hinziehen, aber nur so, wage ich zu sagen, wird es Substanz seines eigenen Wesens; erhält es Kraft, Gewicht und Überzeugung.

Das Auswendiglernen allein genügt also nicht. Das geduldige innere Umkreisen erfüllt nach und nach Wort für Wort das Gelernte mit Leben. Es wird zum staunenden Erkennen. Der Lernende wird so vom Liebhaber zum Kenner seines Märchens und erprobt sich schließlich als Erzähler.

Jeder von uns hat ein kleines Gebinde von Märchen, denen er sich besonders verbunden fühlt, die er seine Märchen nennt. Jeder hat da seinen eigenen Schatz. Es sagt durchaus etwas über den Erzähler, welche Märchen ihm wert erscheinen. Gut erzählen kann man nur, was einem liegt, was einem selbst etwas bedeutet. Damit werden die ausgesuchten Märchen zum Gütesiegel der Persönlichkeit. Man darf getrost sagen, ohne ein Dogma daraus zu machen: Die Märchen charakterisieren ihren Erzähler; sie werden sein Zeugnis.

Ob wir uns des ein wenig wehmütigen Grimmschen Aschenputtels annehmen oder der in Rußland beheimateten Wassilissa Wunderschön – beide Mädchengestalten haben das gleiche Schicksal, sie erfahren Verachtung und Demütigung als Stieftöchter, doch das russische Märchen ist durchsetzt von abenteuerlichem Hexenschabernak; Wassilissa Wunderschön muß Feuer erbitten und muß dienen bei der gruseligen Baba Jaga –: die Wahl des Märchens so oder so wird mehr oder minder zu einer Frage des Temperaments.

Und doch darf ein guter Erzähler nicht einseitig bleiben. Er braucht die Vielfalt. Wer öffentlich auftritt, muß ein Programm

zusammenstellen, das nicht monoton sein darf, und so wird er neben dem klassischen Zaubermärchen auch den Schwank und die lockere Fabel zu gegebener Zeit einbeziehen. Er braucht die Zugabe.
Ich habe die Erfahrung gemacht, daß mich Märchen auch wieder verlassen haben. Ich war ihnen eine Zeitlang nah, aber die letzte Verschmelzung blieb aus, wir wurden nicht völlig eins miteinander. Ich versuchte es einige Male, sie zu erzählen, aber da blieb Holperigkeit, Stocken, ein Rest von Fremde. Die Märchen lösten sich wieder aus meinem Gedächnis.

Will ich belehren, wenn ich Märchen erzähle? Ich will durch mein Erzählen in den Hörenden die Lust wecken, selbst in die Märchen einzutauchen, will sagen: Seht, was da alles verborgen liegt, habt ihr das gewußt? Kann man das missionieren nennen? Nein. Ich erzähle aus freien Stücken und freilassend, weil es mich freut; ich gebe die Märchen wieder als Einblick in eine innere Welt, der auch andere bewegen und erfreuen mag.
Dabei entstehen in den Hörenden gewiß innerlich vorüberflutende Bilder, vielleicht entsteht sogar ein Panorama dessen, was sich da begibt. In mir selbst bleibt das Bildhafte Hintergrund, es ist nicht das Wesentliche. Was mich bewegt, sind die Ereignisse als solche, die Abläufe in dieser inneren Welt: Ich versuche eins zu werden mit dem Jungen, der mutterseelenallein unterwegs ist auf seiner Höllenfahrt, eins zu werden mit dem Mädchen, der Königstochter, die als Magd wandert, um ihren Geliebten zu erlösen. Wie ihnen zumute ist, versuche ich mitzumachen, ich lebe ihre Ängste und Widrigkeiten mit, unter denen sie leiden, und atme dann auch auf mit ihrem endlichen Gelingen und ihrer Freude. – Doch bleibt die Teilnahme nicht einseitig. Mit der gleichen Kraft des Erfassens suche ich auch den Widersachern der Guten in meinem Märchen gerecht zu werden, den Bösewichten. Auch sie nehme ich ernst.

Das unterschwellige, reale Sich-eins-Fühlen mit den Gestalten hat nichts mit Sentimentalität zu tun. Sentimentales wirkt aufgesetzt. Nichts ist abstoßender als eine geheuchelte, eine gespielte Ergriffenheit. Für unabdingbar im Erzählen halte ich Ehrlichkeit. Die eigene innere Haltung muß stimmen mit dem Erzählten. Keiner kann mehr geben, als er hat. Die Hörer merken sehr wohl, ob der, der da spricht, drinnen ist in dem, was er sagt, oder ob er nur so tut, als sei es so. Wie er die Worte des Märchens gebraucht, wie er sie erfüllt: – Die Sprache richtet den Erzähler.

Hier sind wir bei den Gefahren für den Erzählenden. Die eine Gefahr: das zu wenig. Er ist noch nicht ganz drinnen in seiner Geschichte, sie ist noch zu neu. Seine Gedanken suchen in ihrer Unsicherheit noch die Seite im Märchenbuch, von der er die Geschichte gelernt hat; er versucht nachzulesen. Was er herausbringt, mag dem Wortlaut nach stimmen, aber es bleibt blaß, hat keinen Ausdruck und überzeugt nicht. Er erzählt gedrucktes Papier. Mit dieser Gefahr haben sich mehr oder minder alle Beginnenden herumzuschlagen.

Die andere Gefahr: das zu gut. Dieser Gefahr laufen wir »Alten«, die schon lange Erzählenden, ins Verhau. Das ergibt sich einfach mit der Zeit. Nicht wahr, man erzählt gern, erzählt wieder einmal eines seiner Lieblingsmärchen, aber man ist in den Jahren nicht nur seiner sicher, man ist vielleicht sogar ein wenig Routinier geworden. Man weiß, wie man beim Publikum ankommt, wie man wirksam akzentuiert, und genießt es, wenn die Überraschung am Ende sitzt.

Ist es erst soweit, dann sollte man sich ernstlich prüfen, ob es noch und nur das Märchen ist, dem man sich widmet, oder ob nicht zu überwiegen beginnt, daß man sich gerne reden hört und das Märchen zum Mittel wird, ein perfektes Können unter Beweis zu stellen. Da lauert eine Eitelkeit, die der Erfolg mit sich bringt.

Man kann nur immer wieder raten: Liebe das Märchen um seiner selbst willen. Schalte während des Erzählens jeden Nebengedanken aus (»O Gott, warum schlenkert der da vorn mit seinen Beinen!«). Suche mit deinem Blick nicht Bestätigung beim Publikum, obgleich alle Augen auf dich gerichtet sind. Einzig dies: Bewirke das Geschehen! Du bist in diesem Augenblick der Schöpfer eines Geschehens – durch deine Sprache.

Wir sind als Märchenerzähler Diener des Wortes, wir erschaffen die Handlung. Das will nun nicht heißen, daß wir unsere Märchen zelebrieren sollen in verstiegenem Pathos oder wie immer in falschen feierlichen Tönen, etwa einem Tremolo für das Unerbittliche; sondern – noch einmal hervorgehoben – daß wir erzählen aus der ehrlichen Kraft, die wir dem Märchen zuwenden, lieber herb als gefällig.

Jedes Märchen hat in sich sein eigenes Leben, seinen eigenen Ton und Unterton, den zu treffen unserem Bemühen anheimgegeben ist. Vortreffliche Beispiele grundverschiedener Stimmung bieten zwei der kürzesten Märchen aus der Sammlung Grimm: »Die Sterntaler« und »Frau Trude«. Das eine geht aus von »gut und fromm«, das andere von »eigensinnig und vorwitzig« – nämlich den Charakteren der Mädchen. Also haben wir es das eine Mal mit der reinen Hingabe, das andere Mal mit der gefahrsuchenden Frivolität zu tun.

Gute Märchen sind in ihrem Aufbau Kunstwerke, ihre Sprache stimmt, wir brauchen und wir können sie nicht verbessern. Natürlich wird jede Mutter ihren Kindern in ihrer gewohnten Sprache erzählen, wenn sie frei erzählt und nicht vorliest. Aber wir, die wir uns Märchenerzähler nennen und gar beruflich vor Menschen treten und ihnen Märchen vermitteln, können uns nicht auf das sprachliche Improvisieren verlassen und hoffen, daß es im Vortrag schon irgendwie klappen werde. Je fremder der Hörerkreis, um so stärkere Sprachdiziplin wird gefordert, um so konzentrierter haben wir uns darauf vorzubereiten.

Es gibt keine Regeln, wie man erzählen muß oder soll. Eine Frau wird anders erzählen als ein Mann, selbst wenn es sich um das gleiche Märchen handelt. Jeder muß den ihm gemäßen Stil finden, und er versuche nie einen andern nachzuahmen, weil ihm dessen Erzählart imponiert. Das führt nur zu Verklemmung. Kurze Märchen von wenigen Minuten Dauer sind – so seltsam es klingen mag – schwerer zu erzählen als längere. Sie sind so dicht gerafft; kaum begonnen, drängt es auch schon zum Ende, obgleich so viel Verwandelndes darin geschieht. Die Entfaltung und Eindringlichkeit zu treffen liegt ganz in der subtilen Auffassung und Erzählweise des Erzählers. Märchen, die zwanzig, dreißig Minuten und noch länger dauern, brauchen hinwiederum einen langen, starken Atem, damit die Faszination nicht entgleitet.

Zuletzt noch einige methodische Hinweise. Entwickle als Erzähler Raumgefühl; Gefühl für die Weite des Raumes, in dem du dich befindest, und für die Zahl deiner Hörer. Es erfordert eine völlig andere Einstellung, ob du in einer Stube deine Freunde oder eine Schar Kinder in einer gewissen Behaglichkeit um dich hast, oder ob du in einem Saal vor hundert oder gar zwei-, dreihundert Menschen sprichst. Die Freunde sind dir vertraut, die genieren dich nicht. Gegen die fremde, zehrende Erwartung, die im Saal dir entgegenkommt, mußt du dich wappnen. Die Erwartung droht dir die Stimme zu nehmen. Du hast ganz anders dazustehen. Deine Stimme muß den Saal erfüllen. Auch der Teilnehmer in der letzten Reihe hat – zumal er Eintritt bezahlte – den Anspruch, dich nicht nur zu hören, sondern auch zu verstehen. Bedenke vor allem, daß alte Menschen keine Luchsohren haben. Sie danken dir für eine klare, deutliche Sprache. Zu alledem kann man natürlich einwenden, daß sich Märchen am schönsten in nicht allzugroßen Räumen anhören.
Doch selbst in hörfreundlichen Räumen verfallen gute Erzählerinnen und Erzähler nur allzuoft in die Gewohnheit, gerade die

wichtigsten Wendungen, die Schlüsselpartien des Märchens geheimnisvoll zu verschlucken. Sie werden leiser und leiser und lassen den Extrakt in einem Abgrund bedeutungsvoll vibrierenden Raunens verschwinden. Hier kommt es auf die Kunst an, auch raunend, wenn es schon geheimnisvoll sein muß, hörbar zu bleiben.

Führe neue Gestalten, aber auch schon die ersten Gestalten im Märchen, so ein, daß du sie zugleich vorstellst: Man soll sie vor sich haben, erkennen können. Rede nicht selbstverständlich über sie hinweg. Das gilt auch für Wendepunkte und Neuansätze der Handlung.

Lasse dich durch Wiederholungen im gleichen Wortlaut – das Dreimalige gehört eben zum Märchen – nicht irritieren. Bringe auch den zweiten und dritten Spruch intensiv und ohne Hast vor. Es liegt eine Steigerung und Zuspitzung darin. Daß die Dreimalfolge – zum Beispiel der Spruch der Königstochter am Ende des »Trommler«-Märchens – nicht langweilig wird, liegt einzig an dir. Lasse keines deiner Worte ins Gleichgültige fallen, als wüßten ja alle schon, um was es geht.

Und schließlich: Achte der Pausen! Selten genug wird erkannt, wie wesentlich Pausen zur Gestaltung eines guten Erzählens gehören. An der rechten Stelle schaffen sie Intensität; sie wecken Aufmerksamkeit, verstärken. Oft ist es nur die Spur eines Innehaltens von einem Absatz zum andern, das heißt von einem Einschlag zum andern, ein kürzestes Schweigen und Verweilen. Doch beachte ebenso: Auch die kleinste Pause, und um so mehr jede größere, muß erfüllt sein von Spannung und Leben. Der Erzählstrom darf durch ungeschicktes Pausieren auf keinen Fall absinken, so daß das Märchen in ein Loch fällt, aus dem du es mühsam wieder heraufholen mußt.

Liebe dein Märchen, aber erzähle es, so oft du es auch tust, mit der Freude, als habest du es eben erst entdeckt, als werde es gerade geboren. Gib ihm Erstaunen und Verwunderung mit, und

das meint auch Achtung und Ehrfurcht. Es bleibt letzten Endes jedes Erzählen, damit es gelingt, ein Abenteuer.
Sich auf ein Märchen konzentrieren, heißt das Alltagsgewese hinter sich lassen, einen inneren Bezirk betreten. Es ist dies der Daseinsgrund unserer geistig-seelischen Existenz.

Erfahrungen beim Erzählen: »Der Eisenofen« – und die Sprache der »Viehmännin«

Nehmen wir das Märchen »Der Eisenofen«. Es ist wenig bekannt und man findet es in keiner Grimm-Ausgabe für Kinder. Schon vor vielen Jahren habe ich mich einen Sommer lang damit beschäftigt, lernte es damals und notierte dabei, was sich so im Einprägen und immer wieder Bewegen der Passagen – und es dauert ja lang, bis sie einem wirklich Eigentum werden – an Gedanken ergab. Schließlich erzählte ich das Märchen auch einmal vor einem größeren Kreis von Erwachsenen und schloß, wie in einer Zusammenfassung der monatelangen Arbeit, eine deutende Betrachtung dazu an. Dabei blieb es. Ich erzählte es ein einziges Mal und dann nicht wieder. Es schien mir zu gespickt mit Sperrigkeiten.
Vor allem hat es eine spröde Sprache mit manchen schlicht hausbackenen Wendungen, zum Beispiel heißt es von der Königstochter als Küchenmädchen:
»Abends, wie sie aufgewaschen hatte und fertig war, fühlte sie in die Tasche und fand die drei Nüsse, welche ihr die alte Itsche gegeben hatte, biß eine auf und wollte den Kern essen, siehe, da war ein stolzes königliches Kleid drin.«
Ist das Märchensprache: »Abends, wie sie aufgewaschen hatte und fertig war ...«? Die Sprache dieses Märchens verlockt also zunächst gar nicht zum Erzählen; sie hat Widerhaken noch und noch. Hier noch ein Beispiel:

»Als der Tag kam, stieg sie auf, und gab ihr die alte Itsche drei Nadeln aus der großen Schachtel, die sollte sie mitnehmen; sie würden ihr nötig tun, denn sie müßte über einen hohen gläsernen Berg und über drei schneidende Schwerter und über ein großes Wasser: wann sie das durchsetzte, würde sie ihren Liebsten wiederkriegen. Nun gab sie hiermit drei Teile, die sollte sie recht in acht nehmen, nämlich drei große Nadeln, ein Pflugrad und drei Nüsse. Hiermit reiste sie ab ...«

Versucht man das textgetreu zu sprechen, holpert es von Satz zu Satz dahin. Und gar am Schluß schüttelt man den Kopf. Statt eines erwarteten: »... und lebten in Glück und Frieden miteinander« steht da: »... und hatten zwei Königreiche und lebten in gutem Ehestand.«

Aber so ist es nun einmal. So erzählte Dorothea Viehmann, die vielgerühmte Viehmännin der Brüder Grimm. Muß ich auch so erzählen?

Zum andern stolpert man in der Handlung des Märchens sogleich über die ungewöhnliche, groteske Gegebenheit, daß der Königssohn von einer alten Hexe in einen Eisenofen verwünscht wird; nicht etwa in ein Tier, wie es so oft geschieht. Und für Tierverzauberungen findet man im deutenden Bereich auch immer plausible Begründungen. Was aber soll man mit einem schieren Eisenofen anfangen, »dem eisernen Kasten«, der hier zum surstehenden Kerker für den Armen geworden ist? Ich muß doch mein Märchen bejahen, muß mit ihm eins werden und will es insofern auch verstehen. Das soll keineswegs heißen, daß ich alles abstrakt oder psychologisch zerlegt haben will. Aber eines ist immer notwendig: Ich muß *Vertrauen zur Stimmigkeit* des Ganzen haben, und nur aus dieser Übereinstimmung heraus kann ich gut erzählen. Wie soll es überzeugend werden, wenn ich jedesmal innerlich gegen ein unverdautes Faktum ankämpfe? Das Motiv vom eisernen Ofen bleibt ein schwerer Brocken und macht das Märchen kaum anziehend, von lieblich gar nicht zu reden.

Und schließlich ist da noch die Begegnung mit den Itschen: daß die irregelaufene Königstochter nach neun Tagen endlich in Nacht und Not zu den Itschen, den Kröten, kommt und da nun tongetreu mit demselben Hausspruch begrüßt wird, wie wir ihn schon kennen für den Dummling in »Die drei Federn«, der eben auch zu den Itschen gerät:

»Jungfer grün und klein,
Hutzelbein,
Hutzelbeins Hündchen,
hutzel hin und her,
laß geschwind sehen, wer draußen wär.«

Ist es nun hier ein Plagiat von dort? Oder dort von hier? Entwickelt nicht jedes Märchen seinen eigenen Stil, und dies besonders in rhythmischen Formeln? In den Anmerkungen der Brüder kann man dann nachlesen, daß beide Märchen aus der gleichen Quelle kommen, »aus Zwehrn«, eben von Dorothea Viehmann. Das ist eine Erklärung, macht aber nicht lustiger für den »Eisenofen«. Für mich blieb das Märchen damals auf der Strecke. War die Arbeit vertan?

Was lange so gut wie vergessen ruht, kann neu entdeckt werden. Ich habe das Märchen vom Eisenofen nach zwölf Jahren neu entdeckt. Was mir seinerzeit karg oder unverdaulich schien, erscheint mir heute in anderem Licht. Das früher sich völlig verweigernde Motiv vom »eisernen Kasten« als Zauberfessel reizt heute um so mehr, gerade weil es herausfällt aus der nicht abreißenden Folge tierischer Verzauberung. Was für ein großartiges und gegenwärtiges Schicksalsmotiv: der Mensch im Eisen; der sich sonst souverän dünkende Herr des Eisens selbst ins Eisen verhext! Und dann zur Sprache: Allein die Tatsache, daß die Brüder Grimm vom Urdruck 1814 her bis zur Ausgabe letzter Hand 1857 (nach der hier zitiert ist) nur geringfügige Verständniselemente ergänzt, im Erweckungsruf der Königstochter am

Ende eine eher verwirrende Zeile gestrichen, dazu »Prinz« und »Prinzessin« durch »Königssohn« und »Königstochter« ersetzt, an der Grundsubstanz des Stiles aber nichts geschönt, geglättet oder ins grammatische Lot gesenkelt haben, gibt zu denken. »Als der Tag kam, stieg sie auf« steht da statt »stand sie auf«. Mußten den sprachexakten Germanisten da nicht die Haare zu Berge stehen? Mag sein. Aber änderten sie? Nein. Sie bezeugten der Meisterin den Respekt der Meister und beließen ihr ihre eigenen Züge. Hier war »eine gewisse eindringliche Nähe und innere Tüchtigkeit, zu der anderes, das äußerlich viel glänzender erscheinen kann, nicht so leicht gelangt« – bekunden sie selbst in einer Vorrede (1819). Heute darf man fast sagen: Die sprachliche Eigenart der Viehmännin ist zu ihrem Gütezeichen geworden. Beim Original kann vermeintliche Schwäche sich als Stärke entpuppen.

Also gilt es, in diese Sprache ganz einzutauchen, und so versuche ich heute das Märchen – und wieder begleitet es mich durch Wochen – möglichst wortgetreu aufzunehmen, das heißt, auch das dem heutigen Sprachgebrauch nicht ganz Geläufige beizubehalten. Das bedeutet aber, ich muß ein wenig Viehmännin werden: den kargen Ton finden, zurückhalten, sehr einfach und fast trokken sprechen, fern jeder Sentimentalität, und doch nicht ohne Innigkeit. Ob es Papier bleibt oder leben wird, liegt an mir, so, daß dann ebenso selbstverständlich wie unbefangen solche kurzen Sätze kommen wie: »Lieber Vater, wie mir's ergangen hat!« Oder: »Dachte sie: Ach, wo kommst du hier hin!« Das ist spontan empfunden, und so will ich es auch bringen.

Sieht man der Viehmännin Bild an, radiert von Ludwig Emil Grimm, muß man ihr innere Sicherheit und Würde zugestehen. Bei aller Genügsamkeit schimmert auch Würde durch ihre Märchen. Denn sie hat den Brüdern ja noch mehr als den »Eisenofen« beigesteuert: »Die drei Federn«, dann das schwermütigschöne Falada-Märchen »Die Gänsemagd«, »Des Teufels rußiger Bruder« und »Der Teufel und seine Großmutter«. Für ein Herzstück von ihr halte ich »Hans mein Igel«, den sein Vater immer wieder loszuwerden trachtet. Schon viele Male und mit Vergnügen über den knitzigen Charakter des wunderlichen Bürschleins habe ich dieses Märchen erzählt. Alles ist gegen den kleinen Kerl, aber er übersteht:

»Als er getauft war, sagte der Pfarrer: ›Der kann wegen seiner Stacheln in kein ordentlich Bett kommen.‹ Da ward hinter dem Ofen ein wenig Stroh zurechtgemacht und Hans mein Igel draufgelegt. Er konnte auch an der Mutter nicht trinken, denn er hätte sie mit seinen Stacheln gestochen. So lag er da hinter dem Ofen acht Jahre, und sein Vater war ihn müde und dachte, wenn er nur stürbe; aber er starb nicht, sondern blieb da liegen.«

Diese Sätze sind Gold wert; kürzer und markanter kann die Misere des ungeliebten behinderten Kindes nicht ausgesprochen werden: »... und sein Vater war ihn müde und dachte, wenn er nur stürbe; aber er starb nicht ...«

So hat es die Viehmännin vor über 180 Jahren gesagt; es könnte gestern gewesen sein. Ist Hans mein Igel nun auch bissig gegen seinen Vater? Nein. In dem Augenblick, da ihm der Vater den Dudelsack in die Hand gibt, ruft er ihm, aus dem Stroh erwachend, fröhlich zu: ›Väterchen, geht doch vor die Schmiede und laßt mir meinen Göckelhahn beschlagen, dann will ich fortreiten und will nimmermehr wiederkommen.‹«

Das tut er, wird im Wald Hirte von Eseln und Schweinen, sitzt mit seinem Hahn auf einem Baum, immer lustig, und bläst auf seinem Dudelsack. Zwei verirrten Königen samt ihren Bedienten und Laufern hilft er – aus seinem Baumsitz heraus weiter schauend als sie – nacheinander wieder auf den Weg und wird dann doch von einem der Geretteten betrogen (»Hans mein Igel versteht's doch nicht«). Auch da weiß er sich zu helfen. Schließlich durchsteht er sogar den Feuerprozeß, durch den er seine Igelshaut selbst verbrennen läßt:

»... und als sie das Feuer verzehrt hatte, da war er erlöst und lag da im Bett als ein Mensch gestaltet, aber er war kohlschwarz wie gebrannt. Der König schickte zu seinem Arzt, der wusch ihn mit guten Salben und balsamierte ihn, da ward er weiß und war ein schöner junger Herr. Wie das die Königstochter sah, war sie froh, und am anderen Morgen stiegen sie mit Freuden auf, aßen und tranken, und ward die Vermählung erst recht gefeiert, und Hans mein Igel bekam das Königreich von dem alten König.«

Auch dieser Passus sei als Zeugnis für die unverwechselbare Sprache der Viehmännin gegeben. Soll ich mich als Erzähler sträuben gegen das »balsamieren«? Wenn Hans mein Igel die Tochter des wortbrüchigen Königs nach Hause jagt, steht dort: »... da zog ihr Hans mein Igel die schönen Kleider aus und stach sie mit seiner Igelhaut, bis sie ganz blutig war«. Ich erlaube mir: »... und stupfte sie ..., bis sie ganz blutig betupfelt war.« Das mildert eine Spur; die Heimgejagte bleibt ohnehin »beschimpft ihr Lebtag«.

Ein Ungeduldiger kann fragen: Nun aber genug von der Viehmännin. Wie steht es denn mit den anderen Grimmschen Märchen? Hast du nicht noch andere Lieblinge? – Freilich, eine ganze Reihe von Lieblingen! Dazu gehört das längste Stück der ganzen Sammlung, »Die zwei Brüder«, wie auch das kürzeste und letzte, »Der goldene Schlüssel«. Einige der Märchen sind wirkliche Lebensbegleiter; andere werden zwar ebenso geliebt, aber seltener erzählt. Wann welches Märchen erzählt wird, hängt nicht zuletzt von den Hörern ab. Manchmal weiß ich erst im letzten Moment, schon vor den Menschen stehend, was ich erzählen kann. Kommen Erwachsene zu einem Märchenabend, möchten sie etwas Auswertbares hören, etwas Anwendbares, ein wenig Erziehungshilfe mitnehmen, natürlich auch am Wunderbaren eines Märchens sich freuen. Aber es sollte doch auch so eine Art Leitbild für heute werden. Doch wen verlangt es in unserer so erfolgsgeprägten Zeit noch danach, eine Geschichte zu hören wie die vom »Hans im Glück«, dem unverbesserlich-einfältig Betrogenen? Dabei ist er ein Genie der Selbstaufrichtung. Und Sprache wie auch Komposition des Märchens bieten Kunst von hohen Graden; das Meisterhafte beruht gerade darin, daß alles so einfach klingt. Hansens Partner: Reiter, Bauer, Metzger, Gänsdieb und Scherenschleifer, so kurz sie auch auftreten – jeder in jedem Zoll ein Charakter! Und wie sich Tauschaktionen und Selbstgespräche die Waage halten, sucht seinesgleichen. Gewiß, dieser Hans ist und bleibt ein Tor. Will ihn niemand hören, erzähle ich ihn mir selber. Ja, man kann ein Märchen auch für sich selber sprechen.

Ein Schuß Mut gehört wohl auch dazu, vor Erwachsenen so bekannte Kindermärchen wie »Die Sterntaler« oder »Dornröschen« oder »Die sieben Raben« zu bringen. Aber ich wage es.

Wird nun ein oft Vorgebrachtes langweilig? »Die Gänsehirtin am Brunnen«, so oft ich sie erzähle, bleibt erregend, geheimnisvoll und schön wie am ersten Tag. Und »Meister Pfriem«, der Nörgelmann und Allesbesserwisser, könnte der je sterben?

Erweiterte sich mein Märcheninteresse auch in alle Welt hinein, so bleiben für mich, den Erzähler wie den Betrachter, als die unerreichten Meister des Anfangs immer die Brüder Jacob und Wilhelm Grimm im Blick, und der Dank gilt ihnen. Egon Friedell sagt in seiner »Kulturgeschichte der Neuzeit«, was sie auszeichnet: Sie »vereinigen die wärmste Einführung ins Objekt und das feinste Ohr für die Regungen der Sprache mit geduldigster Sorgfalt und mikroskopischer Strenge. Ihre ›Andacht vor dem Unbedeutenden‹, von Friedrich Schlegel verspottet, war nicht Pedanterie und Kleinlichkeit, sondern künstlerischer, ja religiöser Herkunft.« Schüler dieser Brüder zu sein, scheint mir keine Schande.

Angstschwellen im Märchen

Zur Grausamkeit im Märchen

Dies ist ein Kapitel, dem man reichlich Raum gewähren muß. Ein wichtiges Kapitel angesichts der heutigen Medienüberflutung! Zwar ist die Zeit vorbei, in der ein Vordenker der Grausamkeitstheorie einen Katalog von Scheußlichkeiten zusammenstellte, von herausgerissenen Stellen aus Dutzenden von Einzelgeschichten, eine Häufung von schlimmen Verletzungen, von Untaten, von hartherziger Ausstoßung, die einen wahrhaft mit Schrecken erfüllen konnten, die Märchen also sondierte mit rein kriminellem Blick, als gehe es um Polizeiprotokolle, ein Blick, der von allem anderen nichts übrig läßt als brutale Tagesdelikte, zu denen sie sich unter diesem Blickwinkel summieren lassen. Wem Märchen nichts sind als Geschichten wie andere auch, nur aus alter Zeit mit noch hanebücheren Gebräuchen als heute, der mag eine solche Schauderchronik von Unglück für charakteristisch halten, mag sich daran stoßen und zugleich genugtun. Dem Märchen geschieht jedoch Unrecht.

Inzwischen haben besonnene Forscher etwas an Aufklärungsarbeit geleistet gegen diese gröbliche Verkennung, haben dem scheinbar Grausamen in den Märchen längst seinen rechten Stellenwert zugewiesen. Der Zusammenhang ergibt, daß es sich hier um Bilder von innerseelischen Geschehnissen handelt. Die scheinbar äußeren, also der sichtbaren Welt entnommenen Vorgänge haben ihre Gültigkeit in einem übertragenen Sinne. Die Forscher sagen, sie haben Symbolcharakter. Die Bedeutung liegt ganz und gar im seelischen Feld, man könnte sagen, im zwischenmenschlichen Bereich, nicht in der physischen Realität: Aus egozentrischen Machtposen werden Neidresultate; Gliedverluste deuten auf innere Existenznöte.

Es ist eine Sache der Einstellung zu Wert und Wahrheit der Märchen, die auch den Blickwinkel für das Wesen des grausam Erscheinenden abgibt: Die Aussage, Märchen seien grausam, ist zu einem Klischee geworden, mit dem sich leichthin die eigene Unsicherheit, das Unverständnis für die Vorgänge und die Fremdheit gegenüber Märchen verhüllen lassen. Leider sitzt nun dieses Klischee, nachdem es oft genug nach dem Zweiten Weltkrieg publiziert wurde, fast unausrottbar in den Gemütern junger Mütter und Väter fest. Es begegnet einem immer wieder. Auch dem Märchen gutwillig Gesinnte sind schwer davon abzubringen.

Dabei läßt sich mit nur ein wenig Aufmerksamkeit darauf hinweisen, daß es in unserer ganz gewöhnlichen Umgangssprache nur so wimmelt von Grausamkeiten, die oft genug von Mund zu Mund gehen und auch in den Medien ihren Weg finden; zum Beispiel: »Der FC Soundso wetzt gegen den FC Anderswo schon die Messer.« Das klingt nach blutiger Metzelei, die sich da anbahnt; aber sie werden nur Fußball spielen; doch besteht Spannung zwischen den beiden Vereinen. Niemand nimmt eine solche Formulierung grobschlächtig wörtlich; jeder erkennt sofort, es wird damit der emotionale Spannungszustand charakterisiert. Wenn einer »den Kopf verloren hat«, heißt das, er weiß sich nicht mehr zu helfen. Selbstverständlich hat er seinen Kopf auf den Schultern sitzen wie eh; aber er sagt ihm nichts mehr, der Kopf ist so gut wie nicht da, er hat ihn verloren, das heißt aber, er ist in einem hoffnungslosen Zustand.

Aus der Fülle solcher umgangssprachlicher »Grausamkeiten« hier eine Auswahl – und man versuche für einen Augenblick, was da gesagt wird, wörtlich zu nehmen, es »unübersetzt« sich wirklich realistisch vorzustellen, – und das Groteske und Grausige der Situation macht einen schaudern. Nur: Gerade das geschieht eben nicht, man hört und nimmt es locker als ein Bild hin; im Märchen dann versagt das Verstehen.

Etwas ist zum Aus-der-Haut-Fahren
Sich die Lunge aus dem Hals schreien

Jemand fällt das Herz in die Hosen
Jemand hat sein Gesicht verloren
Jemand ist eine Laus über die Leber gelaufen
Vor Liebe blind sein
Sich den Kopf zerbrechen
Die Beine unter die Arme nehmen
Sich für eine Sache die Beine ausreißen
Sich die Augen aus dem Kopf heulen
Etwas hat einem das Herz zerrissen
In einer Nacht einen Krimi verschlingen
In der Politik rollen immer wieder die Köpfe
Mit dem Kopf unter dem Arm nach Hause kommen
Mit dem Kopf durch die Wand gehen
Ein Junge wirft ein Auge auf ein Mädchen
Etwas sticht einem ins Herz
Sich zu Tode lachen
Von glühendem Haß verzehrt werden
Für jemanden durchs Feuer gehen

Die Reihe der Beispiele ließe sich fortsetzen.
Auf ein anderes Motiv sei noch hingewiesen. Es gibt im Deutschen wie im Russischen ein Märchen mit dem Titel »Das Mädchen ohne Hände«. Der Expressionismus hat ein Bildnis gleicher Fraktur aufzuweisen: den Maler ohne Malerhand, nur noch deren Stumpf hochreckend. Ernst Ludwig Kirchner, der Mitbegründer der »Brücke«, im Ersten Weltkrieg einberufen, malte 1915/16 sich selbst so in Soldatenuniform mit abgehauener Hand. Physisch gesehen ein grausames Bild der Verstümmelung. Aber Kirchner gibt damit ein exaktes Bild seines seelischen Zustandes, der knirschend-resignierten Verzweiflung: Der Künstler in der Zwangsjacke des Soldaten fühlt sich seiner schöpferischen Hand beraubt. Er scheut sich nicht, unmißverständlich zu de-

monstrieren, sie ist weg, abgehackt. – Körperlich hat er die Hand nach wie vor, denn er hat ja mit eben dieser »abgehackten Hand« das Bild gemalt. Aber für den Notschrei seiner Künstlerseele ist dies die einzig gültige Bildsprache der hilflosen Ohnmacht. – Gewiß, Kirchner hat nach seiner Militärentlassung noch ein reiches Werk geschaffen, aber die Marter dieser Zwischenstation war ihm auferlegt.

Was nun das Märchen betrifft: So schlimm es auch sein mag, was die Träger einer Geschichte, Held oder Heldin, erleiden müssen – man vergesse nie, welche wundersame Wendung ihres Geschickes sie stets erfahren:

Das Mädchen ohne Hände erlangt die ihm vom eigenen Vater (auf Einflüsterung des Teufels und um sich selbst aus dessen Klauen zu retten) verstümmelten Hände am Ende lebendig gewachsen wieder.

Der Schneider im Märchen »Die beiden Wanderer« verliert durch die unbarmherzige Gier seines Kumpans, des Schusters, beide Augen und erhält sie doch am Ende wieder und blickt zuletzt von einem königlichen Thron klar in die Weite.

Dem kühnen Westbruder in »Die zwei Brüder« wird vom neidischen Marschall nach dem Drachenkampf das Haupt abgeschlagen, doch der Hase bringt die heilende Wurzel des Lebens herbei, und das Haupt wächst wieder an. Auch wenn es der Löwe im Übereifer zunächst verkehrt herum aufsetzt, kann es selbst da noch zurechtgerückt werden und sitzt schließlich, als sei es nie verloren gewesen.

Der König im »Treuen Johannes« muß, um Johannes aus seiner Versteinerung zu erlösen, seine beiden Kinder opfern, sie um ihre Köpfe kürzen – aber im Moment der Erlösung des Getreuen sind auch die beiden Kinder wieder lebendig. Es ging darum, die selbstlose Opfertätigkeit des Königs zu erproben.

Und was läßt sich an Hänsel und Gretel ablesen? Aus Hungersnot werden sie im dicksten Wald ihrem Schicksal überlassen. Ein schneeweißes Vöglein führt sie nicht ins Freie, sondern in die Gewaltzone einer Hexe. Sie leiden, schreien, weinen, wehren sich vergeblich. Vier Wochen lang müssen sie Kerker und Schikane erdulden, am Ende ist es aber das so schwach erscheinende Mädchen, das den Machtzauber der Hexe zerbricht, und die Geschwister bringen schließlich zuvor nie gekannte Schätze ins Vaterhaus. Die Armut hat endgültig ein Ende, eine völlige Wende ist eingetreten.

Was im Märchen grausig und unerträglich erscheint, gehört zur Krisis des Geschehens, es wird zum Engpaß der Handlung, zum Tiefpunkt der Prüfung, die durchstanden werden muß. Das Entsetzliche löst sich dann, es wird aufgehoben, es gleicht sich aus. Die Verwundungen heilen. Eine neue Welt entsteht in neuem Gleichgewicht.

Wer hat Angst – das Kind oder die Mutter?

Zunächst sei »Rotkäppchen« als Beispiel gewählt. Rotkäppchen fragt den Wolf:

»Aber Großmutter, was hast du für ein entsetzlich großes Maul!«

»Daß ich dich besser fressen kann.«

Aber das tut er gar nicht. Der Wolf frißt weder Rotkäppchen, noch hat er zuvor die Großmutter gefressen. Rotkäppchen »verschlingt« er, die Großmutter hat er »verschluckt«; man muß nur genau lesen. Auf Märchen-Kassetten jedoch hört man zuweilen an dieser Stelle zur Untermalung die Knochen krachen – in völligem Widersinn zu dem, was sich wirklich begibt und was mit *verschlingen* und *verschlucken* eigentlich gesagt wird: daß die beiden nämlich eine Zeitlang eingezwängt sind in absoluter Dunkelheit. Denn Rotkäppchen wie Großmutter kommen als unverletzte ganze Gestalten wieder aus dem Bauch des Wolfes heraus; sogar das rote Käppchen sitzt noch auf dem Kopf, es leuchtet dem Jäger als erstes entgegen. Und befreit sagt Rotkäppchen: »Ach, ... wie war's so dunkel in dem Wolf seinem Leib.« Doch das Wort vom »Fressen« geistert mit allen Schrecken unausrottbar in den unsicheren Gemütern mancher Mütter und Väter.

Wie steht es nun mit der »Angst vor dem Wolf«?

Während eines Märchenseminars für junge Mütter fragte eine junge Frau – sozusagen noch privat, die Kursstunde sollte gleich beginnen –: »Ab wann kann man denn Märchen erzählen? Ich kann doch meinem dreidreivierteljährigen Buben nicht ›Rotkäppchen‹ erzählen, wo der Wolf die Großmutter frißt, das ist doch furchtbar, da kriegt das Kind doch Angst!«
Ich sagte: »Aber vielleicht stellen Sie sich das nur vor. Haben Sie denn selbst Angst vor dem Märchen?«
»Nein, ich selbst habe natürlich keine Angst, aber ich habe Angst, daß der Kleine Angst kriegt!«
Und dann fügte sie hinzu: »Als kleines Mädchen hatte ich bei Rotkäppchen keine Angst vor dem Wolf. Aber später lernt man das doch! Und nun habe ich als Mutter Angst um die Angst meines Jungen.«
»Aber wenn Sie als Kind keine Angst hatten, warum sollte der Junge dann jetzt Angst haben? Er kriegt aber ganz bestimmt Angst, wenn er spürt, daß *Sie* Angst haben! Es ist Ihre eigene Angst, Ihre Mutter-Angst, die Sie in Ihren Jungen hineintragen. Ihr Kind lebt ganz und gar in Ihrem seelischen Umkreis. Je kleiner das Kind, um so stärker. Wenn Sie unbefangen und ruhig das Märchen erzählen, nimmt Ihr Junge es ebenso unbefangen und ohne Angst auf – wie Sie es als Kind auch aufgenommen haben.«

Noch einmal: »Dieses greuliche Märchen!«

Bei einem Kurs in einer norddeutschen Schulungsstätte berichtete eine Kindergärtnerin: Als sie in einer Kindergruppe »Rotkäppchen« erzählen wollte, habe sich ein kleines Mädchen mit

den Händen vor dem Gesicht, heftig abwehrend, gesträubt, das Märchen anzuhören. »Nein, nein, nicht den Wolf!« habe es gerufen.
Später wurde die Mutter gefragt, wie es wohl komme, daß ihr Kind einen solchen Schrecken, ja ein Entsetzen vor dem Wolf habe. »Das ist doch auch ein greuliches Märchen«, sagte die Mutter: »Ich sehe den Wolf da immer vor mir, wie er Rotkäppchen zerreißt, höre die Knochen krachen und sehe das Blut fließen.« Jetzt wurde der Schrecken des Kindes verständlich. Die Mutter hatte ihrem Töchterchen ihre eigene Angst eingejagt.

Kleines Gegenstück

Auf dem gleichen Kurs erzählte eine Teilnehmerin, daß ihre Jüngste zwischen dem fünften und sechsten Lebensjahr immer nur »Rotkäppchen« hören wollte, jeden Abend, kein anderes Märchen sonst, und dieses länger als ein halbes Jahr. Mit einem Mal sei es dann vorbei gewesen, als sei sie nun satt davon. Daraufhin habe sie, die Mutter, mit einem neuen Märchen beginnen können.

Und nochmals »Rotkäppchen« – ent»grimmt«

Es klingt heute anekdotisch, aber in den Siebziger Jahren hörte ich ernsthaft in einem Vortrag von einer Mutter, die ihrem kleinen Jungen das Märchen wohl erzählte, es aber ent*grimm*te: Aus dem Wolf wurde ein zahmes Hündchen, mit dem Rotkäppchen unterwegs spielt.
Eines Tages kommt die Tante zu Besuch. Die Mutter ist gerade einmal aus dem Haus, der Junge bettelt die Tante um eine Geschichte. Sie erzählt »Rotkäppchen«, aber diesmal nach Grimm, mit Wolf und Verschlingen und allem Drum und Dran. »Au!« Der Junge ist begeistert. »Deine Geschichte ist prima, die gefällt mir. Aber Tante, der Mama darfst du sie nicht erzählen; die fürchtet sich so schrecklich vor dem Wolf.«

Schließlich: »Das ist unser Wolf nicht!«

Eine Lehrerin erzählte in ihrer Klasse »Rotkäppchen« und sagt hinterher: »Wißt ihr was, Kinder? Nächste Woche gehen wir miteinander in den Zoo, dann zeige ich euch einen richtigen Wolf, damit ihr seht, was das überhaupt für ein Tier ist.«
So geschah es, sie gingen in den Zoo. Die Kinder stehen nun vor dem Wolfszwinger, starren hinein, sehen den mageren struppigen Insassen. Ein Mädchen dreht sich enttäuscht um und sagt zu der Lehrerin: »Das ist nicht unser Wolf. Unser Wolf sieht ganz anders aus!«

»... die traurigen, das sind richtige Märchen«

Unterschätzen die Erwachsenen nicht gelegentlich den wahren Bedarf und das Verlangen der Kinder, man kann auch sagen, ihr sicheres Urteil, das sie Märchen gegenüber haben? Bei einem Gespräch in der Heidelberger Märchenbuchhandlung sagte uns der Inhaber, er habe einmal deutlich erfahren, daß die Kinder nach dem Schweren und Ernsten verlangen. Im Rahmen seiner Donnerstag-Erzählstunde für die Kinder habe ein Erzähler im letzten Moment abgesagt. Die Kinder aber waren da. »Wir mußten etwas tun. Wir halfen uns, indem meine Mitarbeiterin und ich den Kindern abwechselnd Märchen vorlasen. Dabei wählten wir lustige Sachen aus, weil wir glaubten, das mögen sie. Nach einigen Stücken fragten wir, ob wir so weitermachen sollten. Zu unserem Erstaunen lehnten die Kinder ab. ›Keine solchen mehr.‹ Sie wollten ›richtig ernste und wo es traurig zugeht. Das sind richtige Märchen‹, sagten sie.«

»Wunderschöne Angst«

Wie sagte doch der zu Besuch weilende Enkel zu seiner Oma, die ihm gestern auf dem Spaziergang zu einer Höhle eine spannende, ein wenig gruselig gespickte Geschichte erzählt hatte: »Gehst du heute noch einmal mit mir da hinauf und erzählst mir, wo ich gestern so wunderschöne Angst hatte?«

»Der Räuberbräutigam«

Bei uns war eine befreundete Märchenerzählerin zu Gast – eine anerkannt gute Erzählerin –, und im Gespräch ergab sich, daß sie über eine ganze Zeit das Grimmsche Märchen »Der Räuberbräutigam« gern, sehr gern erzählt habe – was ich, Rudolf Geiger, nie tun würde. Mir ist die Geschichte, so hervorragend sie auch sprachlich aufgebaut ist, viel zu direkt und balladesk, um nicht zu sagen, das Kriminelle streifend. Meine Frage an sie: »Haben Sie die auch Kindern erzählt?« – »Ja«, sagte sie spontan, »natürlich, Schülern, und ich erzähle sie immer noch. Ich sage dann zwar vorher: ›Nun habe ich eine Geschichte, die ist ein bißchen gruselig; wollt Ihr die hören?‹ Und dann kommt aus der ganzen Klasse ein einstimmiges, lautes, begieriges ›Ja, ja!‹ – Sehen Sie, so in der Gruppe, als vielköpfige Gemeinschaft, fürchtet sich keiner. Im Gegenteil: Da erhält das Gruselige einen hohen, abenteuerlichen Reiz. Es wird gemeinsam bestanden.«

»Die Vertreibung der Dämonen«

Auch ein Großvater, der sich etwas zugute hält auf seinen Umgang mit Märchen, kann sich täuschen. Er hatte seinen Enkelkindern – entfernt in einer anderen Stadt wohnend – das schön gelungene Schwarzweiß-Bilderbuch »Gülistan« von Karl Thylmann geschenkt. Darin sind sechzehn Tuschzeichnungen aus der Welt von Tausenundeiner Nacht mit der jeweiligen Erzählung vereinigt. Allerdings war auch ein Bild dabei, von dem er dachte, darauf hätte man verzichten können. Es ist erfüllt mit scheußlichen dämonischen Gestalten, einem riesigen rollenden Kopf mit aufgerissenen Augen, einem grausigen Riesen mit Stirnauge und anderem Gelichter; ein kleiner Junge steht ihnen

mit erhobenen, abwehrenden Händen ruhig gegenüber. Sie müssen fliehen. »Die Vertreibung der Dämonen« heißt das Bild.
Es stellte sich heraus, daß die Kinder gerade diese Geschichte immer wieder hören wollten. Besonders der Jüngste, der funfjährige Georg, ist unersättlich. Die Mutter liest. Ist sie am Ende, will Georg die Geschichte von vorn. Sie liest sie wieder – und so elfmal hintereinander. Schließlich sagt die Mutter: »Schluß jetzt, ich kann nicht mehr.« Und nun fangen die Kleinen, der Fünfjährige und seine siebenjährige Schwester an, die Vertreibung der Dämonen zu spielen. Im Märchen fliehen die Dämonen im aufgewirbelten Sandteppich der Wüste; die Kinder wickeln sich in die Flickenteppiche und rollen sich durch die Stube. Von grausig keine Spur. Sie sind Vertreiber und Vertriebene zugleich.

Von Strafe und Vergeltung

Die Grausamkeitskritiker werfen den Märchen unmenschliche Strenge und Härte ihrer Strafen vor. Freilich, das Strafgesetzbuch des Bürgerlichen Rechts kennt kein Zu-Tode-Tanzen in glühenden Eisenpantoffeln oder Zu-Tode-Rollen in einem Nagelfaß. Dort wären solche Vergeltungsmaßnahmen unverzeihlich. Aber das Märchen urteilt nicht nach bürgerlichen Gesetzen.
Lisa Tetzner, die vielerfahrene Erzählerin, hebt hervor:
»Wenn die Königin in Schneewittchen sich in glühenden Pantoffeln zu Tode tanzen muß, so wird kein Kind Mitleid mit der Königin empfinden, weil eine Frau, die dreimal (nein viermal) versuchte, ihr Kind zu töten, das Prinzip des Bösen ist, und weil das Kind den Untergang des Bösen verlangt.«
Offenbar lebt das Kind, das unverbildete, noch ganz in der dem Märchen eigenen Welt – der Welt einer absoluten Gerechtigkeit.

In dieser Welt geistiger Gesetze trägt jede Tat ihre Folgen in sich selbst; und sie *hat* ihre Folgen, unweigerlich. Sie hat ihre Folgen, wie jeder Ruf an die Echowand seinen Widerhall hat: Wie hineingerufen, so schallt es zurück. Die glühenden Pantoffeln und das nagelbestückte Faß sind keine von einer anderen Stelle eigens verhängte Strafen, sondern nur das konsequente Echo einer vorangegangenen Selbstbetätigung.

Nehmen wir das Beispiel der Königin in »Sneewittchen«. Am Ende stehen die eisernen Pantoffeln bereit. Sind es beliebig fremde Marterwerkzeuge? Nein. Der Königin werden ihre selbstgeschmiedeten Gehwerkzeuge präsentiert: rotglühende eiserne Pantoffeln.

Warum glühen sie und wovon? Ihr eigener unzähmbarer glühender Haß gab das flammende Feuer. Hier wird sie ihres eigenen Hasses wie von außen gewahr. Es tritt ihr entgegen, was in ihr war, es ist Selbstbegegnung: Sie erfährt an sich selbst, was sie ausgestrahlt hat als vernichtendes Feuer.

Und warum eisern, diese Schlappen? Nachdem ihr Todesanschlag durch den Jäger fehlgeschlagen war, stieg sie selbst dreimal in Verkleidung aus ihrer Herrschaftswelt über die sieben Berge, dreimal nahm sie eisern entschlossen den tödlichen Anlauf, das Leben Sneewittchens zu zerstören: »Und wenn es mein eigenes Leben kostet.« Mit einer Energie sondergleichen, im rotglühenden Haß, läuft sie ihre Vernichtungswege, unerbittlich, eisernen Willens.

Am Wahrheitstag der Hochzeit, auf der andern Lebensseite, nämlich im jenseitigen Reich des Königssohnes, wird ihr das Ergebnis ihrer Übersteigungen präsentiert: Sie sind da, die eisernen Pantoffeln. Kein Richter hat die Königin herbestellt. Sie war eingeladen und wollte erst nicht kommen. Aber dann *mußte* sie fort, heißt es: Aus sich selbst heraus treibt es sie, sie will und muß die Wahrheit erfahren, und kommt und muß erkennen, starr vor Schreck: Sneewittchen lebt und aller Tötungswille, alle List,

Tücke und Verschlagenheit, alle Verstellung waren umsonst. Nichts ist geblieben von aller Hexenkunst als dieses unförmige Fußwerk. Sie muß erkennen: So sehen deine abgelegten Wanderstiefel aus, geschmiedet aus deinen Taten. Nun tritt ein in das Gebilde deines Hasses und erfahre seine Folgen an dir selbst. Um Schneewittchen zu töten, nahmst du in Kauf: »... und wenn es mein Leben kostet!« Du ahntest dort schon: Dein Haß muß in der Selbstzerstörung enden.

Auch das Nagelfaß, wo es auch auftritt in den Märchen, bleibt am Ende übrig als die Widerspiegelung der vorausgegangen bösen Taten.

In dem Grimmschen Märchen »Die drei Männlein im Walde« schickt die hartherzige Frau die ihr verhaßte Stieftochter mitten im Winter bei klirrender Kälte und gefrorener Erde in den Wald, ein Körbchen Erdbeeren zu holen – »ich habe Verlangen danach«. Sie steckt sie in ein Papierkleid, gibt als Zehrung nur ein Stück hartes Brot – das Mädchen soll erfrieren, verhungern, ihr nimmermehr vor Augen kommen. Doch das Wunder geschieht, das Mädchen erfriert nicht, bringt die Erdbeeren heim, von den drei Männlein nun gar mit Goldworten gesegnet.

Bei der eigenen häßlichen, aber bevorzugten Tochter der Frau dagegen geht alles schief, ihr bleiben von ihrem Waldganggestolper nur Krötenworte. Der Haß der Stiefmutter auf die immer schöner werdende Stieftochter wächst. Nun soll und muß diese auf dem gefrorenen Fluß ein Eisloch hauen und Garn schlittern. Mag sie brechen und untergehen. Da aber entdeckt sie der König, nimmt sie mit und macht sie zu seiner Gemahlin.

Und da folgt nun der dritte tödliche Anschlag. Als die junge Königin über ein Jahr ein Knäblein gebiert, »besuchen« Stiefmutter und Tochter die Glückliche, packen sie gemeinsam an Kopf und Füßen und werfen sie aus dem Fenster hinaus in den Fluß. Doch auch das wird ihr nicht zum Tod, sondern zur Verwandlung. In Entengestalt dem Wasser entsteigend, wird sie nächtlich wieder zur Königin und stillt ihr Kind. In der dritten Nacht schwingt der König auf der Schwelle sein Schwert über ihr: Sie kehrt frisch und gesund ins vorige Leben zurück; aber der König hält sie verborgen bis auf den Sonntag, wo das Kind getauft werden soll. Und da am Sonntag, beim Tauffest, fragt der König die Alte: »Was gehört einem Menschen, der den andern aus dem Bett trägt und ins Wasser wirft?« – »Nichts Besseres«, antwortet die Alte, »als daß man den Bösewicht in ein Faß steckt, das mit Nägeln ausgeschlagen ist, und den Berg hinab ins Wasser rollt.« – »Du hast dein Urteil gesprochen«, sagt der König; und für Mutter und Tochter geschieht, was die Alte selbst, ohne auch nur einen Augenblick in der Antwort zu zögern, als das einzig Folgerechte erkannt hat: Man kann sagen, ganz objektiv spricht sie das Urteil, als handle es sich um ein völlig fremdes Geschehen, und wir wundern uns, wie blind sie dafür zu sein scheint, daß sie ihre eigenen Taten beurteilt. Die in das Faß eingeschlagenen Nägel: es sind die zuvor täglich ausgesandten Pfeile des Hasses, die tödlich gerichteten Stacheln der Vernichtung, die bis dahin aus der Stiefmutter innerem Vakuum des Neides nach außen gerichtet waren. Doch am Sonntag der Taufe und der Lebenserneuerung kommt die Wahrheit ans Licht; es ist der Sonnentag der Offenbarung, an dem alle Taten ihren Wert erweisen. Die Gehässigkeiten haben ihre Echowand erreicht, wenden sich um und kehren zurück zu ihrem Ursprung: zu den in ihrer Ichsucht völlig eingekapselten Seelenwesen von Stiefmutter und Stiefschwester. In ein einschließendes Faß verdichtet, erfahren diese die Wirkung ihrer Frevel an sich selbst. Und es ist der gleiche Fluß, in den das Schicksalsfaß ihrer Taten rollt, aus dem die Ente ihren Rückweg ins Leben fand.

Das Merkwürdige bei alledem bleibt, daß es der bösen Macht nie gelingt, die gehaßte Heldin endgültig aus dem Weg zu schaffen, zu vernichten, und das bedeutet, für sich selbst nie einen endgültigen Sieg zu erringen.

Ein schönes Beispiel bietet auch das norwegische Märchen »Die drei Zitronen«. Darin raubt eine neidische Köchin der rechtmäßigen Braut – einer Prinzessin, der Schönsten in zwölf Königreichen, die nackend im Baume sitzend, auf ihre Abholung zur Hochzeit wartet – das Leben und setzt sich an ihre Stelle. Sie stürzt die Schöne ins Wasser, daß sie ertrinke. Doch als Silberfisch lebt die Gestürzte weiter. Der Fisch wird gefangen, dem König gebracht, die falsche Braut fühlt die Bedrohung, sagt, es sei ein Hexenwerk, der Fisch müßte verbrannt werden. Es geschieht: Ein Silberklumpen liegt in der Asche. Die Angst der Falschen wächst; sie betreibt, daß der Klumpen in Mist vergraben wird. Am nächsten Tag erhebt sich daraus eine silberschimmernde Linde. Auf das zudringlichste Beharren der Widersacherin – immer gegen den Willen des Königs, der dann doch nachgibt – wird die Linde umgehauen. Mägde wollen sich Späne holen zum Feuermachen. Sie entdecken, daß die Späne Silber sind, füllen davon eine Truhe, tragen sie heim (und wollen ihre Brautaussteuer davon kaufen). Aber die Truhe wird immer schwerer; sie schauen nach: Die Silberspäne haben sich in ein Kind verwandelt, und nicht lang, so wird daraus die schönste Prinzessin. Jetzt endlich wird auch dem König die Schandtat offenbar, und er befiehlt, daß »die häßliche schwarze Köchin in eine Nageltonne gesperrt und den Berg hinabgerollt würde«. In ihrer Angst, entdeckt zu werden, hat die Widersacherin von Verwandlung zu Verwandlung der anderen um sich selbst einen Mantel, ja einen Panzer von Selbstverteidigung immer neuer Vernichtungsattacken gezogen, aus dem es jedoch am Tag der Offenbarung keinen Ausweg mehr gibt, während sich das Ewige, Unzerstörbare der Königstochter Menschenseele eindringlichst bewährt.

In gleicher Weise vollziehen sich die Dinge in dem jugoslawischen Märchen »Die drei Eier«: Eine falsche Dienerin raubt der erlösten Schönen ihren Brautanspruch. Am Ende, nach der Ent-

deckung, fragt man die Dienerin, welchen Tod sie sterben wolle. Sie sagt: »Schlagt mich in ein Faß und schlagt viele Nägel ein und tragt mich auf den höchsten Berg und von dort laßt mich ins Meer hinabrollen.«
Angelus Silesius findet für das Problem von »Strafe und Vergeltung« den Vers:

Gott straft die Sünder nicht:
die Sünd ist selbst ihr Hohn,
Ihr Angst, Pein, Marter, Tod,
wie Tugend selbst ihr Lohn.

»Ich will Gnade ergehen lassen«

Mit dem Wort »Gnade« umschreiben wir das tiefste religiöse Ereignis, das wir im christlichen Zusammenhang kennen. Der Christ bekennt: Aus Gnade eines freien Gottesentschlusses ist ein göttliches Wesen, der Gottessohn, Christus, Mensch geworden und brachte durch seinen Kreuzestod und die Überwindung des Todes in der Auferstehung dem gottentfallenen Menschenwesen die Erlösung aus dem Versinken in die Erstarrung der puren Materie, schuf einen neuen Zugang zum Gotteswesen und zur Schöpfung. Die Weltentatsache dieser Inkarnation Christi ist die Mitte und der innerste Kristall allen christlichen Glaubens. Die Tat auf Golgatha ist ein Akt der Gnade, dem kein Geschehen in der Welt gleichkommt an versöhnender Kraft. Der Sohn bringt die Versöhnung.
Ein Abglanz von Gnadengeschehen lebt auch in den Märchen. Es geht meist von Königen aus. Fällt in einer Krisis das Herrscherwort: »Ich will Gnade ergehen lassen«, dann nimmt das Märchen in seiner Handlung eine vorher nicht absehbare Wendung; aus einem Todesurteil gebiert sich dann eine neue Lebenschance, eine Umwandlung, ein neuer Anstieg beginnt.

Im »Borstenkind«, dem umfassenden Märchen aus Siebenbürgen, soll der Bauer gehängt und das Schwein erschlagen werden, denn der König hat die Brautwerbung des verzauberten Ebers, der die Hand der Königstochter haben möchte und mit einem »Roh-Roh«-Gegrunze auftritt, sehr übel genommen und beide, den Vater mitsamt seinem borstigen Sohn, zunächst in den tiefsten Kerker stecken lassen.
Doch am anderen Morgen, der die schreckliche Strafe bringen soll, heißt es :
»Da bedachte sich der König und sprach: ›Ich will Gnade ergehen lassen. Wenn dein Sohn, ob er nun auch ein garstiges Tier ist, die drei Aufgaben lösen kann‹ (die der König als Vorbedingung für die Vermählung angesetzt hatte), ›so soll er meine Tochter bekommen.‹«
Der König überspringt also seinen ersten Zorn, setzt sich hinweg über die vermeintlich verletzte Würde seines Königtums – und läßt Gnade walten: In diesem Falle gibt er dem unerwarteten Freier eine Chance in bezug auf sein eigenes königliches Versprechen: »Kann er es erfüllen, so soll er haben, was versprochen ward«, unabhängig von allem Schein, nämlich der scheußlichen Tierheit des Bewerbers. Der König bekennt sich zur Qualität der Tat. Und tatsächlich hält er später Wort, denn das Borstenkind löst die Aufgaben und die Vermählung mit der Königstochter findet statt.
Ist Gnade hier nicht auch ein Vertrauensakt? Der König vertraut der Wahrheit, die sich im Wirken erweisen wird, und sie erweist sich auch.
Im »Goldenen Vogel« gibt es dreimal diesen Gnadenakt der Könige, denen der Jüngling jeweils ihr Kostbarstes entführen will – wobei er sich durch sein eigenes *gold*-richtiges Verhalten jedes Mal in Todesgefahr bringt.
Jeder der Könige will dem Dieb das Unverzeihliche, Todeswürdige in Gnade erlassen, wenn es dem Verurteilten gelingt,

den nächsthöheren Schatz, nach dem dieser König bisher vergeblich verlangt hat, herbeizuschaffen.
Der Gnadenakt eines jeden dieser Könige treibt in Wahrheit das Geschehen in immer höhere Bereiche der Kostbarkeiten hinauf. Die Gnade wird zu einem Ferment der Handlung: Bisher unentdeckte, schlafend verdeckte Reiche werden aufgeschlossen und erobert, bis ins lauterste, reinste goldene Schloß hinein. Es sieht aus, als sei es von den Königen her eine Gnade aus Eigennutz. Letzten Endes kommt aber alles dem Jüngling, der die Eroberungsfahrten besteht, selbst zugute – mit Hilfe des rätselvollen, seltsamen Fuchses:
Auch dessen Verhalten dem Königssohn gegenüber ist eine einzige, nie abreißende Kette von Gnade: »Ich kann es aber doch nicht lassen«, sagt er einmal. Also unermüdliche helfende Gnade aus Liebe?
Freilich, am Ende erlöst der Jüngling auch den Fuchs aus seiner Zauberhülle. Und da gerät der Mensch um dieser Gnade willen (»und es liegt doch in deiner Macht, mich zu erlösen«) noch in die schwersten Gewissensnöte: Er soll dem Fuchs den Kopf abschlagen und die Pfoten abhauen – eine scheinbare Barbarei soll er vollbringen – und merkt erst hinterher, daß es eine Gnade war, die er nun seinerseits dem Fuchs erwiesen hat.
Alles Schenken guter Geister in den Märchen – ist es nicht Gnade? Womit hat in den »Drei Federn« der Dummling verdient, daß ihm die dicken Itschen auf seine einfache Bitte hin die köstlichsten Gebilde und schließlich die lieblichste Braut schenken? Es bleibt pure Gnade!
In den »Zwei Brüdern« endet das Wettspiel zwischen Wirt und Jäger, dem westlichen Bruder, natürlich zugunsten des Jägers: Der Jäger als Drachentöter kann letztendlich den Marschall als Betrüger entlarven und wird Gemahl der Königstochter – was der Wirt nie und nimmer glauben wollte und sogar Haus und Hof dagegen gesetzt hatte.

»›Sieht er, Herr Wirt, die Königstochter habe ich geheiratet, und sein Haus und Hof sind mein.‹ Sprach der Wirt: ›Ja, das wäre nach dem Rechten.‹ Der junge König aber sagte: ›Es soll nach Gnaden gehen: Haus und Hof soll er behalten, und die tausend Geldstücke schenke ich ihm noch dazu.‹«

Hier wird der Rechthaberei ein Schnippchen geschlagen und Gnade wird zu einem Schöpfen aus dem Überfluß; ein fröhlich stimmendes Zeugnis nicht göttlichen, sondern menschlichen Gutseins und Versöhnens.

Tiere im menschlichen Charakter

Daß einer in den Augen eines anderen einer Dummheit wegen zum »Esel« wird, wenn der Kritiker es auch nur hinter der Hand zu einem dritten sagt, kann man durchaus mit Humor nehmen. Manchmal bezeichnet sich der eine oder andere auch selbst als »Schaf«. Die entlarvenden oder auch zornig geschimpften Bezeichnungen wie »Aasgeier«, »Kredithai«, »sturer Bock« oder »miese Ratte« legt sich aber wohl keiner selbst zu.

Immer trifft die Benennung eine auffallende seelische oder charakterliche Einseitigkeit im Wesensbild des betreffenden Menschen, die in einem bestimmten Moment in Erscheinung tritt: unvermittelt, stark, unübersehbar. Dann erscheint er in den Augen des anderen nicht mehr als Mensch, sondern mit tierischen Eigenschaften versehen. Es ist ganz interessant, derartige Bezeichnungen einmal aufzulisten: Jemand hat einen Vogel oder ist

ein Kamel
ein schlauer Fuchs
ein aufgeblasener Gockel
das beste Pferd im Stall

ein Windhund
ein Schweinehund
ein Schwein
eine miese Ratte
ein eitler Pfau
ein loser Vogel
ein Pechvogel
ein sturer Bock
ein blöder Hammel
ein Dickhäuter
ein treuer Hund
ein Trampeltier
ein dressierter Affe
ein toller Hecht
ein Brummbär
ein Kredithai
ein Aasgeier
ein Bücherwurm
ein Elefant im Porzellanladen
eine Leseratte
eine dumme Kuh
ein irres Huhn
eine blöde Ziege
eine dumme Gans
eine Naschkatze
eine Schmusekatze
eine fleißige Biene
eine flotte Biene
ein Esel
ein alter Hase
ein gemeiner Hund

Märchenwirkungen: Unterwegs notiert

Echo der Zuhörer

In diesem recht umfangreichen Kapitel sind Erfahrungen notiert, die mir aus dem Kreis der Hörenden entgegenkamen. Sie sind nach verwandten Äußerungen gruppiert. Nur zwei- oder dreimal habe ich Erfahrungen anderer Erzählerinnen erweiternd beigefügt. Meist erübrigt sich jeder Kommentar. Das Erlebte spricht durch sich selbst.

Religiöse Wahrheiten im Märchen

»Das Wasser des Lebens«

In Baden-Baden am 7. Juni 1983 notiert:
Ich erzähle »Das Wasser des Lebens« und spreche danach von dem geheimnisreichen Schloß, das der dritte Prinz erschließt, in das man nur mit der Wahrheit hineingelangt und in dem sich das Schwert befindet, das ganze Heere schlägt, das Brot, das Völker sättigt und niemals alle wird, der Brunnen mit dem Wasser des Lebens, das den kranken König verjüngt, und in dem schließlich die Königsjungfrau wohnt, die nach Jahr und Tag eine goldene Straße zu diesem Schloß bauen läßt und so ihren Bräutigam erwartet. Das alles deute ich an und erwähne, daß der Einzug des Bräutigams in dieses Schloß eine Verwandtschaft zeige zur Apokalypse: In eine Miniatur zusammengezogen taucht in diesem Schloß das himmlische Jerusalem auf. Ich zitiere auch den letzten Vers der Apokalypse.
Danach spricht mich eine Frau an; sie hat offensichtlich zum ersten Mal solch einen Vortrag gehört und sagt: »Das ist mir ganz neu, daß man mit Märchen auch religiöse Wahrheiten sagen kann ...« und dann noch einmal: »Daß man mit Märchen religiösen Wahrheiten so nahe kommt, das erstaunt mich.«

In der Bergbauern-Stube

Ein Jahr zuvor, am 14. Juni 1982, war ich durch glückhafte Umstände mit drei freundschaftlich verbundenen Damen auf einer Fahrt nach Graubünden an einem Abend hoch in den Bergen, in 1200 m Höhe, bei einem Bergbauern zu Gast, bei dem zwei der Begleiterinnen schon mehrfach Sommerquartier genommen hatten. Es gab eine Brotmahlzeit mit Kaffee. Hinterher erzählte ich einige Märchen: das vom Chinesenjungen Tschu, der die Götterstatuen bittet, ein wenig im Hof zu spazieren, damit er besser fegen könne. Dann die Geschichte vom »Geist im Glas« der Brüder Grimm und schließlich noch »Himmel und Hölle«, eine persische Geschichte, die von den langen Löffeln handelt, mit denen die Hungrigen sich hier schlagen, dort sättigen, und am Ende noch die kleine chinesische Legende: »Wer ist der Sünder?«

Der Bauer, ein rauher Mann, mit scharfen, glänzenden Augen schauend, hörte intensiv zu. Schließlich brach es aus ihm heraus: »Dös is jo wahr, dös is ja mehr wahr, als wos der Pfarrer in der Kirchn predigt!«

Ein seltener Gast

Auf einer pädagogischen Tagung während der Osterferien in einer schwäbischen Waldorfschule leitete ich eine Arbeitsgruppe mit dem Titel »Das Bild des Menschen im Volksmärchen«, wobei ich auch meine Bildserien einbezog. Deswegen hatte man mir den verdunkelbaren Chemiesaal zugewiesen; ein nüchterner Raum mit festsitzenden Gerüchen. Zwei Kursstunden waren schon vorausgegangen. Bei der dritten und letzten Stunde saß auf der Schulbank zunächst nur ein einzelner Herr, Anfang vierzig. Ich fragte ihn, was ihn bewogen habe, gerade meine Gesprächsgruppe aufzusuchen. Darauf sagte er: »Ich bin evangelischer Pastor – und mich interessieren Märchen als eine Wahr-

heitsquelle. Ich empfinde, daß ich auf den Wegen des Märchens in eine Wahrheitswelt gelange, die mich bereichern kann im Erfassen der religiösen Wahrheiten. Und nun haben Sie gestern auch noch mein Märchen erzählt: Ich heiße Schlang.«
Erzählt und betrachtet hatte ich das siebenbürgische Märchen: »Der Knabe und die Schlange«. Es ist ein Versöhnungsmärchen. Die Schlange hat darin nicht mehr den Charakter der fatalen Verführerin. Der Junge und die Schlangenkönigstochter schließen Freundschaft; er wird gar mit den Gaben des Schlangenkönigs ein Sonnenheld. Die vom Paradies her gesetzte uralte Kluft zwischen Schlange und Mensch wird überbrückt. – Offenbar empfand mein seltener Gast seinen Namen als ein belastendes Schicksalsrätsel; das Schlangenmärchen tat ihm gut.

»So müßte man erzählen!«

In einer westdeutschen Stadt, nahe der belgischen Grenze, kam nach meiner Erzählung und Betrachtung vom »Wasser des Lebens« der Leiter des Katholischen Erwachsenenbildungswerkes als letzter – alle waren schon fort – auf mich zu und sagte: »Ich bin selbst Theologe. So wie Sie das Märchen erzählt haben, müßte man das ganze Alte und Neue Testament erzählen, um wieder loszukommen von dem dünnen und dürren Zerlegen und Zergliedern da oben.« Dabei tippte er sich an die Stirn. Ein erstaunliches Wort aus solchem Munde.

»Danke!«

Bei einem anderen Kurs berichtete eine Teilnehmerin, daß sie die Idee gehabt hatte, alten Menschen zu erzählen, und sich deshalb an ein Altersheim gewandt hatte.
Sie sprach bei der Leiterin vor, aber die Antwort war kurz und knapp: »Märchen? Nein danke! Wir sind ein christliches Haus!«

Das Kleid in der Nuß

In einem Seminar mit Kindergärtnerinnen fragt eine Kindergärtnerin: Was soll man sagen, wenn ein Kind einwendet: Wieso ein Kleid in einer Nuß? Das geht doch gar nicht rein?

Man könnte etwa so darauf eingehen: Das sind ja keine gewöhnlichen Nüsse, die der wandernden Königstochter geschenkt werden (z.B. in dem siebenbürgischen Märchen vom »Borstenkind«). Sie kehrt ja wirklich ein bei der Sonne, bei Mond und Abendstern. Diese Nüsse sind gewachsen im Sonnenland, im Mondenland, im Sternengarten. Und so sind die darin eingeborgenen Kleider gewoben aus Sonnen-, Monden- und Sternenstrahlen, so zart und lichtschimmernd, wie es auf Erden nie dergleichen gibt. Es sind keine gewöhnlichen, es sind himmlische Kleider.

Hier lag das Problem aber offensichtlich darin, daß die Kindergärtnerin, deren kleine Zuhörerin diese Frage stellte, vermutlich selbst mit den Kleidern in der Nuß nichts anfangen konnte; nichts von der himmlischen Herkunft spürte: Die Frage des Kindes war ihre eigene Frage. Und ohne eigene Überzeugung erzählt, entstehen solche Fragen dann auch im Kind.

Schlechte Erfahrung: einfach aufschlagen und vorlesen

Pause während einer pädagogischen Tagung. Im Flur vor dem Speiseraum spricht mich eine Frau an, sie hat zwei Buben im Alter von sechs und acht Jahren bei sich: »Sind Sie Herr Geiger?« – »Ja.« – »Denken Sie, ich habe die Märchen aus der Gascogne ›Der Mann in allen Farben‹ – was halten Sie davon? Ich meine, die sind nicht gut. Ich habe meinen Kindern daraus vorgelesen und bin ganz erschrocken, wie traurig die enden. Das ist ganz unbefriedigend. Ich habe das vorher nicht gewußt. Wir haben eine

Geschichte aufgeschlagen, und die Kinder sagten, ›die lies uns!‹, und das habe ich dann gemacht. Das werde ich nie wieder tun.«
»Ja«, sagte ich, »es liegt aber nicht an den Märchen. Gewiß, sie sind anders als die Grimmschen, aber es sind echte, kraftvolle Märchen. Daß es nicht gut ausging, liegt an Ihnen, weil Sie sich aufs Geratwohl darauf einließen. Sie waren überhaupt nicht gegen das gewappnet, was Ihnen in dem Märchen begegnete. Man sollte als Vorleser wenigstens wissen, was die Geschichte bringt, bevor man zu lesen beginnt – wenn nicht, kann es schiefgehen, ganz schief.« »Ich weiß«, bekannte sie, »es war eine Todsünde gegen das Märchen.«

»Das gibt es nicht«

Eine Lehrerin hat eine erste Klasse zur Einschulung vor sich und erzählt den Kindern ein Märchen. Da ruft ein Junge laut in die Rede hinein: »Das gibt es nicht!« Sie erzählt weiter, als sei nichts gewesen. Bei der nächsten Ereignisetappe ruft der Junge wieder: »Das gibt es nicht!« Wieder geht die Lehrerin unbeirrt darüber hinweg. Schließlich ruft er es zum drittenmal. Die Lehrerin läßt sich auch dadurch nicht abhalten und erzählt ruhig zu Ende.
Äußerlich ruhig, ist sie innerlich aber wie geschlagen. Wie kommt der Junge zu seinem Urteil, fragt sie sich. Er hat es keineswegs frech oder naseweis gesagt. Was die Lehrerin erschüttert, ist die entschiedene, fast kühle Sachlichkeit des Kindes. Wo hat er das her? fragt sie sich, vom Fernsehen? Das glaube ich nicht. Der Junge ist das Sprachrohr seiner Eltern. So denkt der Vater, so denkt die Mutter.

Das Ende der Welt

Nach einem Erzählabend in Freiburg spricht mich eine Teilnehmerin an:
»Ich erzählte einmal Märchen vor einer Gruppe vorschulpflichtiger Kinder. Sie hörten mir hingegeben zu. Als einziges größeres

Kind war eine etwa Acht- bis Neunjährige darunter, die ihr kleineres Geschwister hergebracht hatte.
In dem Märchen – es handelte sich um ›Die weiße Schlange‹ der Brüder Grimm – muß der Jüngling den Apfel des Lebens vom Ende der Welt holen. Als ich ›vom Ende der Welt‹ sprach, fuhr das größere Mädchen dazwischen: ›Das Ende der Welt gibt es nicht!‹ Ich war erschrocken, schockiert, aus der Bahn geworfen. Die Kleinen schauten herausgerissen, fassungslos das Mädchen an. Einen Moment stand die Zeit still. Wie sollte ich da weitermachen? – Mit einem Mal steht eines der kleinen Mädchen, ein vierjähriges Kind, auf und sagt mit funkelnden Augen: ›Das Ende der Welt gibt's; das ist, wenn mer sterbt!‹
Nun war es an der Neunjährigen, zu erschrecken. Ich konnte weitererzählen – und die Kleinen hörten weiter hingegeben zu.«

Gibt es Zwerge und Elfen?

Beinahe

In einem Plenarvortrag der Europäischen Märchengesellschaft bekam ich eine Probe von »kindlicher Überzeugungskraft um jeden Preis«:
Eine Lehrerin sagt zu ihren Kindern – es handelte sich um eine erste Klasse:
»Ich erzähle euch jetzt ein Märchen von den Zwergen.«
Ein Junge steht auf und sagt: »Es gibt gar keine Zwerge!«
Da steht ein Mädchen auf, vorn in der ersten Bank, sieht den Jungen mit funkelnden Augen an und sagt: »Doch! Es gibt Zwerge! Ich habe voriges Jahr in Schweden beinahe einen gesehen!«

Zwerge

Auf einer Märchentagung in Dornach im Jahr 1988 erzählte ich abends »Sneewittchen«. Am andern Morgen hatten wir eine Gesprächsrunde dazu. Dabei fragte auch jemand, was man zu den

Zwergen sagen könne: wo und wie sie leben. Verschiedenes wurde vorgebracht.
Einige Stunden später, bei der Eurythmieaufführung im Großen Saal, saß ich neben einer etwa vierzigjährigen Dame, Teilnehmerin der eben abgeschlossenen Tagung, die mich ansprach: »Kennen Sie den Ausspruch Rudolf Steiners, daß die Zwerge die Menschen erst wahrnehmen, wenn die Kinder den Zahnwechsel schon hinter sich haben; also die Kinder unter sechs, sieben Jahren existieren für die Zwerge noch nicht. Sie bemerken sie nicht. Ich kann das bestätigen. Ich konnte Zwerge sehen, jetzt habe ich diese Fähigkeit etwas verloren, jetzt *spüre* ich sie mehr.
Auf unserer Treppe ins Haus saß auf der dritten Stufe immer ein Zwerg. Gingen meine älteren Kinder die Treppe hinauf oder hinunter, machte ihnen der kleine Mann immer Platz, er wich aus und ließ sie vorbei.
Anders meine Kleineren: die stolperten jedesmal über ihn, wenn ich sie nicht bei der Hand nahm und um ihn herumführte. Der Zwerg selbst nahm sie nicht wahr, er blieb einfach sitzen, wo er saß. Und die Kinder sahen ihn nicht, und so stolperten sie. Er war physisch für sie nicht sichtbar, aber er war da, und sie stolperten eben an der Stelle – über ihn.«

Irland: Die grünen Ladys

Dr. B. aus Basel erzählte mir bei Tisch (wir sprachen über alte Märchenerzähler):
Seine Tochter hatte vor zwei Jahren mit ihrer Freundin ihre Ferien in Irland verbacht. Sie hörten von einem Märchenerzähler, der in der Gegend zu Hause sein sollte. Sie suchten nach ihm, fanden den Mann auch – und nun habe seine Tochter den Erzähler frischweg gefragt, ob er an die grünen Ladys, die Elfen, glaube oder sie womöglich sogar sähe? Der Mann sagte zunächst nichts. Er führte sie aber ins Gelände, ein wenig ansteigend, dann kam eine Kuhle, die gingen sie entlang, sie endete tunnel-

artig auf einer sich weitenden Wiese. Die Wiese fiel nach vorn ab. In der Tiefe lag das Meer. Der Mann deutete auf die Wiese und sagte: »Hier sehe ich sie manchmal tanzen, die Elfen.«

Die Hexe in der Abfallgrube

Unser Ältester mochte fünf oder sechs gewesen sein, da passierte es. Wir wohnten im Maierhof. Unmittelbar vor dem Haus wurde eine etwa zwei Meter tiefe neue Ablauf-Sickergrube ausgehoben. Damals gab es das noch: Sickergruben. Plötzlich Geschrei um die Mittagszeit: Der Junge war hineingefallen und mußte mit einer Platzwunde am Kopf herausgeholt werden. Das war etwa 1936. Vierzig Jahre später erzählte er mir einmal: »Weißt du auch, Vater, warum ich damals in die Grube gefallen bin? Ich stand am Rand oben. Aber unten in der Grube saß eine Hexe, gar nicht groß, die winkte mir mit dem Finger, sie lockte und lachte: ›Ja, ja. Komm! Komm runter! Komm!‹ Es zog mich, ich mußte – da stürzte ich runter. Die Hexe war weg, aber vorher war sie deutlich da.«

Blinden Kindern erzählen

In der Ära Schallplatte

Es war im September 1979 beim Märchenkongreß in Bad Karlshafen, als mir Frau U. G. folgende schöne Geschichte erzählte: Sie war in Heidelberg dabei, als Frau Charlotte Rougemont in einem Blindenheim den blinden Kindern Märchen erzählte. Hinterher drängt ein Kind, ein Mädchen, hin zu Frau Rougemont und fragt: »Darf ich Dich befühlen?« –»Ja«, sagt Frau Rougemont, »du darfst.« Darauf tastet das Kind mit seinen Händen Kopf und Gesicht der Märchenerzählerin ab und sagt: »Wie schön, daß du keine Schallplatte bist.«

Und später und wohl immer noch

Indes hat die Schallplatte als Erzählerin längst ausgedient. Eine neue, noch einfachere Versorgung hat sich eingenistet. Die Lebensgefährtin hat mir versichert: Als sie einmal – auch schon vor Jahren – Kindern in einem Blindenheim Märchen erzählen wollte, wurde ihr rundweg erklärt: »Danke! Brauchen wir nicht. Wir haben Kassetten!«

Das eine Märchen immer wieder

Der sechsjährige Junge nach Autounfall

In einer Schule in Offenburg, in der Mittagsstunde ausruhend im Lehrerzimmer, erzählt mir eine Lehrerin:
Ihr sechsjähriger Junge habe einen Autounfall gehabt, sei verletzt worden, habe einige Wochen liegen müssen. Als er wieder zu sich kam, habe er »Hänsel und Gretel« zu hören verlangt, und das immerzu: drei-, viermal am Tag mußte sie ihm dieses eine Mächen erzählen, und das gewiß ein halbes Jahr lang. Und zwar sei er immer besonders gespannt gewesen auf die Stelle, wo Hänsel sagt: »Wir werden den Weg schon finden, aber sie fanden ihn nicht.« Daß sie umherirrten und nicht mehr nach Haus fanden – das wollte er hören.
War er durch den Unfall nicht selbst vertrieben worden aus seinem Haus und suchte wieder heimzukommen? Verordnete sich der Junge durch das Märchen eine Art Arznei? Denn schließlich finden Hänsel und Gretel am Ende das Vaterhaus doch wieder, gereift durch die Schrecken im Hexenhaus – und reich begabt.

Südafrika: Das achtjährige Mädchen mit Zeckenfieber

Während eines Märchenkurses auf dem Methorst – ich sprach von der Lust mancher Kinder, ein und dasselbe Märchen immer wieder zu hören – sagte mir eine Teilnehmerin hinterher: »Meine Nichte verbrachte mit ihren Eltern ihre Jugend in Südafrika. Als etwa achtjähriges Mädchen bekam sie das ›Zeckenfieber‹ und war auf den Tod krank. Ihr Leben hing wirklich an einem seidenen Faden. Ich war damals zu Besuch und habe es miterlebt. Das kranke Kind wollte gerade in seinem fiebrigen Zustand ›Sneewittchen‹ hören, nicht nur einmal – nein, ohne Unterlaß. War es zu Ende, wollte es das Märchen gleich wieder von vorne hören. Es lag in der Todeskrise – aber das Märchen rettete ihm das Leben. Vierzehn Tage lang erzählten wir ihm immer wieder ›Sneewittchen‹, unentwegt, abwechselnd, Vater, Mutter und ich. Das war der seidene Faden, an dem sich das Kind am Leben hielt. Dann war die Krise vorüber. Das Mädchen gesundete. Das war vor gut zwanzig Jahren. Heute ist meine Nichte als Psychotherapeutin tätig.«

Die schöne Sprache

Nachdem ich in Stuttgart vor etwa hundert Menschen das Märchen vom »Teufel mit den drei goldenen Haaren« eingeleitet, dann erzählt und betrachtet hatte, kamen am Ende des Vortrags zwei Frauen zu mir, Mitte dreißig, gepflegte Erscheinung, wach und intelligent mich fixierend. Die eine fragte, ob man denn auch experimentell festgestellt habe, daß Märchen auf Kinder gut wirkten und daß sie wirklich verstünden, um was es da ginge? Ich versuchte ihr zu erklären, daß die Kinder nicht das intellektuelle Verständnis der Erwachsenen bräuchten, weil sie mit ihren Lebensorganen das, was da geschähe, aufnähmen, als plötzlich die sich zurückhaltende zweite Dame einen Schritt vorkam und sagte: »Ich habe Ihnen gerne zugehört. Als Sie erzählten, ging mir mit einem Mal auf, was für eine schöne Sprache die deutsche Sprache ist. Ich habe das vorher nie so erlebt.« – Es war die Sprache der Brüder Grimm, die sie anrührte.

Und noch einmal an einem ganz anderen Ort: In Brügge, während des Kongresses der Europäischen Märchengesellschaft 1985, kam nach meiner abendlichen Erzählstunde eine ältere Dame – ich kannte sie nicht, hatte sie nie zuvor gesehen – auf mich zu und sagte: »Ich bin Holländerin, verstehe und spreche auch Deutsch und habe mit Deutschen zu tun. Aber ich habe die deutsche Sprache noch nie gehört wie an diesem Abend. Mir ist mit einem Mal aufgegangen, was für eine schöne Sprache die deutsche Sprache ist.«.

Ich hatte unter anderem »Dornröschen« der Brüder Grimm erzählt.

Die Erstfassung

»Vater kann nicht erzählen«

Es klingt kaum glaublich, aber ich hörte es aus verlässigem Mund, von einer jungen Mutter. Ihr Jüngster, vierjährig, erklärte eines Abends: »Vater kann nicht lesen, er macht's falsch, er soll nicht mehr lesen!« Was hatte der Vater falsch gemacht? Er hatte, was sonst die Mutter tat, das schon mehrfach von dem Kind gehörte Märchen »Dornröschen« vorgelesen, aber eben in seiner Art, ein wenig salopp, ein wenig lustig, und da hatte er »die Tauben auf dem Dach« einschlafen lassen – statt auf dem *Dache*, wie es im Original bei den Brüdern Grimm heißt, und das gleich dreimal im Märchen. Der Vater hatte das »e« vom Dache weggelassen, einfach verschluckt, und das gefiel dem kleinen Philipp gar nicht, es regte ihn auf; es stimmte nicht!

Kommt da nicht deutlich zum Vorschein: Die *erste* Fassung, in der ein Märchen an das kindliche Ohr herankommt, das ist die Wahrheit. Die erst vernommene Form hat für das Kind absolute Gültigkeit. Und diese erste Aussage hat um so mehr Gewicht, je enger und vertrauter die aussprechende Persönlichkeit zum Kinde steht – mit ihrer absoluten Autorität. Die Mutter hatte Ernst in die Geschichte gelegt; der Vater hatte es ein wenig zu leicht genommen. Das brachte ihn in Mißkredit.

Die Bremer Stadtmusikanten

Christel Oehlmann berichtet in ihrem Buch »Garantiert erzählen lernen«[25] von der gleichen Erfahrung. Sie schreibt:
»Vorschulkinder können die Märchen oft sehr schnell auswendig und bemängeln dann die kleinste Abweichung vom Text. Wie weit das gehen kann, zeigt die Geschichte, die sich seit drei Generationen in unserer Familie hält: Daß nämlich ein Fünfjähriger zu wiederholten Malen dieselbe Textstelle in den ›Bremer Stadtmusikanten‹ zurückwies mit den Worten, so sei es ›nicht richtig‹. Da seine Schwester, die den Text wörtlich erzählte, nichts anderes wissen konnte, als was sie aus dem Originaltext auswendig gelernt hatte, war guter Rat teuer. Sie begann von neuem, wie die Tiere im Wald übernachten wollten und sich unter dem Baum lagerten, ›die Katze und der Hahn machten sich in die Äste, der Hahn aber flog bis an die Spitze, wo es am sichersten für ihn war. Ehe er einschlief, sah er sich noch einmal nach allen vier Winden um, da deuchte ihm, er sähe in der Ferne ein Fünkchen brennen, und rief seinen Gesellen zu, es müßte nicht gar weit ein Haus sein, denn es scheine ein Licht. Sprach der Esel, so müssen wir uns aufmachen und noch hingehen, denn hier ist die Herberge schlecht.‹
An dieser Stelle erfolgte prompt der Einspruch: ›So nicht! So ist es nicht richtig!‹ Schließlich ergänzte der Fünfjährige selbst, was er von einer anderen Schwester in deren freierer Erzählweise

gehört und nun eben als ›authentisch‹ in seine Vorstellung aufgenommen hatte:

›Du mußt sagen, (als der Hahn das Licht sieht): Die Katze kletterte auch nach oben und sagte: Ach wirklich!‹

Aus diesem Beispiel wird deutlich, daß das Kind nicht auf der Grimmschen Fassung bestand, sondern auf ›seiner‹ Erstausgabe, die es ›in- und auswendig‹ kannte und für seinen inneren Prozeß genau so und nicht anders brauchte.«

Büffelkuh und Hunkepuus

Manche Kinder haben schon früh ein Gehör für den Klang besonderer Worte, ja, man kann sagen, für eine gehobene Sprache. Sie horchen auf und machen keinen Hehl aus ihrer Freude und ihrem Erstaunen. Im Kapitel »Vom lebendigen Wort« findet man die schönen Beispiele von »Iro Gräßlichkeit« und »Paleibo« zitiert. Mir selbst ist dergleichen etwas weniger schlagkräftig, aber doch noch frappant genug begegnet.

In einer Sprachheilschule erzählte ich im Rahmen einer Weihnachtsfeier (an der auch die Eltern teilnahmen) Märchen und fügte als Zugabe, mehr für die Erwachsenen gedacht, die kleine Geschichte »Vom Fischlein und der Büffelkuh« an. Kaum hatte ich das Wort »Büffelkuh« ausgesprochen, erscholl ein fröhliches Gelächter der Kinder, und sie riefen sogleich: »Büffelkuh!«, aber nicht nur ein paar einzelne, es war ein ganzer Chorus, der lachte und rief. Und da in dem winzigen Geschichtchen etwa sechsmal die Büffelkuh genannt wird und ihr Wesen treibt, quittierten die Kinder jedesmal, wie von einem Zauberstab berührt, »Büffelkuh« mit Fröhlichkeit. Das fremde Wort mit dem schönen tönenden »Ü« hatte es ihnen angetan.

Schon beim »Eisenhans«, den ich zuvor erzählte, hatten sie mit Lachen und Behagen reagiert, als da der Junge von den andern verspottet wird, indem sie fortreiten, ihm aber ein lahmes Pferd im Stall zurücklassen, dreibeinig humpelnd, »Hunkepuus, hun-

kepuus«, auf das er sich dennoch draufsetzt und in den Wald reitet, eben »hunkepuus«.
Schließlich tauchte der Hunkepuus noch einmal auf, und noch einmal quirlten die hellen Stimmen den Namen in fröhlichem Echo nach. Eine Woge von Vergnügen war spürbar in der Aula der Schule – dabei waren es eigentlich nur zwei nicht alltägliche Worte, die sie ausgelöst hatten.

Stimmen zum Auswendiglernen von Märchen

Wenigstens eins auswendig zu lernen versuchen.

Gelegentlich empfahl ich in meinen Kursen, da man einem normal im Leben stehenden Menschen kaum zumuten könne, Märchen um Märchen auswendig zu lernen, es wenigsten mit einem zu versuchen und dieses sich Wort für Wort anzueignen. Das bringe schon Gewinn. Hier dreimal ein Echo.
»Bei mir wirken die Tage des Märchenkurses im November immer noch nach: Soweit es mir neben meiner Familie möglich ist, lerne ich seitdem ein Märchen auswendig, und das gibt mir so viel Stärke und Mut im Alltag ...«
»Ich lerne gerade ›Die Sterntaler‹ auswendig und bin ganz beeindruckt, wie viel stärker ich mich durch das Auswendiglernen mit dem Märchen verbinde – im Vergleich zum Lesen – und staune über die Tiefe dieses so kurzen Märchens.«
»Seit ich die ›Sterntaler‹ auswendig gelernt habe, bin ich ein anderer Mensch. Die haben nun einen Platz in mir. Ich habe sie schon vorher gemocht, aber das ist jetzt noch einmal ganz anders.«

Spontane Lust zum Erzählen

Brief einer Puppenspielerin nach der Pfingsttagung 1985:
»Da haben Sie in Dornach das Sterntalermärchen und Dornröschen erzählt. Und das hat mich so tief ergriffen. Ich bin danach

in den Wald gegangen und habe bemerkt, daß ich sogar im Rhythmus der Sprache ging. Da hatte ich solche Lust, Dornröschen nachzuerzählen. Das tat ich dann auch – laut. Und – stellen Sie sich vor! Ich konnte es auch! Es war gar nicht schwer; die Worte formten sich wie von selbst.
Mir war ein Licht aufgegangen – man muß in das Märchen hineintauchen und staunen, wenn es da etwas zu staunen gibt, und andächtig sein, wenn ein Wunder geschieht, und verdrossen sein, wenn da etwas nicht gelingt.
Wirklich – ich habe Ihnen zu danken!«

Bin ich Fischlein oder Büffelkuh?

In dem siebenbürgischen Winzling vom »Fischlein und der Büffelkuh« säuft die Büffelkuh trotz Warnung und es auch noch verspottend, dem Fischlein das Bächlein leer. Wütend verschlingt dann das Fischlein mit einem Satz die ganze große Büffelkuh; »nicht wahr, es geschah ihr doch recht!« Als ich es einmal erzählt hatte, fügte ich hinzu, wie einmal eine Zuhörerin, Lehrerin an einer Grundschule, hinterher zu mir gekommen war und aus voller Brust gesagt hatte: »Das hat mir gut getan, das hat mir gut getan!« Daraufhin wollte eine andere das Märchen unbedingt haben. Ich lieh ihr meinen Text. Sie schrieb bei der Rückgabe:
»Das Märchen von der Büffelkuh und dem Fischlein ist so herrlich. Es hat mich ähnlich berührt wie die Lehrerin, von der Sie sprachen. Ich fühlte mich an dem Abend ordentlich ein Stück größer geworden, aber auch gemahnt, zu schauen, wo ich Büffelkuh bin. Danke!«

Hier einmal der erstaunliche Blick auf sich selbst in Hinblick auf die Gefahr, daß man selbst die Büffelkuh sein könnte. Normalerweise liegt es nahe, sich als den Unterdrückten zu fühlen – als das sich empörende Fischlein.

Abschließend sei das Märchen vom »Fischlein und der Büffelkuh« hier wiedergegeben, so wie es Rudolf Geiger erzählt hat:

»Einmal kam eine große Büffelkuh an ein kleines Bächlein, um zu trinken. Sie hatte einen unersättlichen Durst und soff ohne Aufhören. In dem Bächlein aber wohnte ein klein winziges Fischlein, das war immer sehr lustig, hüpfte und sprang und spielte mit den glitzerigen Steinchen.

Es fürchtete nun, die Büffelkuh werde ihm das Wasser alles saufen, und es rief ihr zu: ›Hör Büffelkuh! Warum säufst du so viel? Soll ich hier auf trockenem Sande bleiben und umkommen? Höre auf zu saufen, daß ich nicht über dich komme!‹

Die Büffelkuh brummte: ›Boah! Du kleiner Knirps, vor dir werde ich mich gleich fürchten! Sorge, daß ich dich nicht verschlinge!‹ und soff fort und fort, und soff das ganze Bächlein leer. Aber da war das Fischlein zornig, sprang heraus und verschlang mit einemmal die ganze große Büffelkuh! Nicht wahr, das geschah ihr doch recht? Warum hat sie auch dem Fischlein alles Wasser weg getrunken, und es noch verspottet obendrein? ... Nun hatte sie's!!«[26]

Anmerkungen

1 Beide Zitate aus Max Lüthi, *Das europäische Volksmärchen. Form und Wesen*, Dalp-Taschenbuch Nr. 351 D, 3 / 1968, S. 127 und 92.

2 Rudolf Steiner, *Rosenkreuzerisches Weistum in der Märchendichtung*, 2. Aufl. Dornach 1980.

3 Klara Stroebe / Reider Th. Christiansen (Hrsg.), *Norwegische Voksmärchen*, Diederichs, Düsseldorf-Köln 1973, Nachwort S. 319.

4 Vilma Mönckeberg, *Das Märchen und unsere Welt*, Diederichs, Düsseldorf-Köln 1972, S. 187.

5 Knud Rasmussen, *Rasmussens Thulefahrt*, Frankfurt 1926.

6 W. R. Rodgers, *Die Märchenerzähler Irlands*, in: »Die Märchenzeitung« Nr. 1 / Mai 1984, hrsg. von H. Chr. Kirsch und Detlef Oboth.

7 Bertha Kössler (Hrsg.), *Indianermärchen aus den Kordilleren*, Diederichs, Düsseldorf-Köln 1956, Vorwort S. 16.

8 Rudolf Steiner, *Menschenschicksale und Völkerschicksale*, GA 157, Vortr. vom 19. 1. 1915, Dornach 1981.

9 Max Lüthi, *Vom Wesen des Volksmärchens*, 6. durchges. Aufl. Göttingen 1983.

10 Walter Eidlitz, *Der Glaube und die heiligen Schriften der Inder*, Freiburg 1957.

11 Leo Frobenius, *Vom Kulturreich des Festlandes*, Berlin 1923.

12 Frederik Hetmann, *Mondhaus und Sonnenschloß*, Stuttgart 1989.

13 Friedrich von der Leyden, *Die Welt der Märchen*, Diederichs, Düsseldorf-Köln 1953.

14 Elli Zenker-Starzacher, *Eine deutsche Märchenerzählerin in Ungarn*, München 1941.

15 Gyula Ortutay (Hrsg.), *Ungarische Volksmärchen*, Berlin 1967.

16 Charlotte Rougemont, ... *dann leben sie noch heute. Erlebnisse und Erfahrungen beim Märchenerzählen*, 8. Aufl. Münster 1984.

17 DIE ZEIT, 14. 10. 1983.

18 Frederik Hetman im Nachwort zu *Irischer Zaubergarten*, Diederichs, Düsseldorf-Köln 1979.

19 Elli Zenker-Sturzacher, *Eine deutsche Märchenerzählerin in Ungarn*, a. a. O.

20 Richard Wilhelm (Hrsg.), *Chinesische Märchen*, Märchen der Weltliteratur, Nr. 45, Diederichs, Düsseldorf-Köln.

21 Märchen der Weltliteratur, Nr. 53, Diederichs, Düsseldorf-Köln.

22 Max Lüthi, *Das europäische Volksmärchen*, a. a. O.

23 Verlag Huber, Frauenfeld 1983.

24 Worte zum Abschluß eines Erzählwettbewerbs der Märchenstiftung Walter Kahn vom 28. April bis 1. Mai 1990 mit Veranstaltungen in Bayersoien, Murnau und Saulgrub. Rudolf Geiger war nur Hörender und sollte die Abschlußworte sprechen. Sie sind hier in erweiterter Fassung wiedergegeben.

25 Rowohlt, Reinbek b. Hamburg 1995, S. 177–178.

26 aus: Josef Haltrich, *Sächsische Volksmärchen aus Siebenbürgen*, Kriterion Verlag Bukarest 1972.

ANHANG

Ein Nachtrag zur Ur-Natur des Erzählens

Die Brüder Schlegel im Wettstreit

»Die romantischen Dichterbrüder Wilhelm und Friedrich Schlegel hörten in einer Gesellschaft eine ausgezeichnete Anekdote, lachten aus voller Seele und waren beide gleichzeitig von der Leidenschaft ergriffen, sie in ihr geselliges Unterhaltungsprogramm aufzunehmen. Da beide damals meist zusammen ausgingen, mußte das Besitztum an der Sache geklärt werden.

›Friedrich, laß mir die Geschichte!‹

›Nein, Wilhelm, du verdirbst sie!‹

Der Ältere ist aber nicht abzuweisen. ›Du hat doch schon lange meine silberne Tabaksdose haben wollen‹, sagt er zu dem Jüngeren, ›hier hast du sie, wenn du mir die Geschichte läßt!‹

Dem Angebot der silbernen Dose widerstand Friedrich nicht. Als nun Wilhelm das erste Mal die Anekdote in einer Gesellschaft erzählte und, wie Friedrich vorausgeahnt hatte, anfing, sie zu verdrehen, da langte Friedrich in die Tasche, holte die schöne silberne Dose heraus: ›Da, Wilhelm, hast du deine Dose wieder! Ich kann die Geschichte nicht lassen. Ich werde die jetzt richtig erzählen!‹«

Das ist die Leidenschaft des echten Erzählers, der nicht nur darauf brennt, selbst zu sprechen, der vor allen Dingen nicht erträgt, wenn eine gute Sache verdorben wird, und sie sofort dem Talentlosen entreißt.

(Ende der zwanziger Jahre aus einer Zeitung abgeschrieben)

Elias Canetti in Marrakesch

»Am meisten Zulauf haben die Erzähler. Um sie bilden sich die dichtesten und auch die beständigsten Kreise von Menschen. Ihre Darbietungen dauern lange, in einem inneren Ringe hocken sich die Zuhörer auf den Boden nieder, und sie erheben sich nicht so bald wieder. Andere bilden stehend einen äußeren Ring; auch sie bewegen sich kaum, sie hängen fasziniert an Worten und Gesten des Erzählers. Manchmal sind es zwei, die abwechselnd rezitieren. Ihre Worte kommen von weiter her und bleiben länger in der Luft hängen als die gewöhnlicher Menschen. Ich verstand nichts, und doch blieb ich in ihrer Hörweite immer gleich gebannt stehen. Es waren Worte ohne jede Bedeutung für mich, mit Wucht und Feuer hervorgestoßen: Sie waren dem Manne kostbar, der sie sagte, er war stolz auf sie. Er ordnete sie nach einem Rhythmus an, der mir immer sehr persönlich schien. Wenn er stockte, kam dann das folgende um so kraftvoller und gehobener hervor. Ich konnte die Feierlichkeit mancher Worte spüren und die heimtückische Absicht anderer. Von Schmeicheleien war ich angetan, als hätten sie mir selbst gegolten; ich fürchtete mich in Gefahren. Alles war gebändigt, die mächtigen Worte flogen genau so weit, wie der Erzähler wollte. Die Luft über den Zuhörern war voller Bewegung, und einer, der so wenig verstand wie ich, fühlte das Leben zu Häupten der Hörer.

Ihren Worten zu Ehren waren die Erzähler auf eine auffallende Weise gekleidet. Ihre Tracht unterschied sich immer von jener der Hörer. Sie zogen prächtigere Stoffe vor; einer oder der andere trat in blauem oder braunem Samte auf. Sie wirkten wie hohe, aber märchenhafte Persönlichkeiten. Für die Menschen, von denen sie umgeben waren, hatten sie selten einen Blick. Sie blickten auf ihre Helden und Figuren. [...] Der Erzähler hatte mich natürlich bemerkt, aber für ihn blieb ich ein Fremder in seinem Zauberkreise, denn ich verstand ihn nicht.

Oft hätte ich viel darum gegeben, zu verstehen, und ich hoffe, der Tag wird kommen, da ich diese fahrenden Erzähler so würdigen kann, wie es ihnen gebührt. Aber ich war auch froh, daß ich sie nicht verstand. Sie blieben für mich eine Enklave alten und unberührten Lebens. Ihre Sprache war ihnen so wichtig wie mir meine. Worte waren ihre Nahrung, und sie ließen sich von niemand dazu verführen, sie gegen eine bessere Nahrung zu vertauschen. Ich war stolz auf die Macht des Erzählens, die sie über ihre Sprachgenossen ausübten. Sie erschienen wie ältere und bessere Brüder von mir. In glücklichen Augenblicken sagte ich mir: Auch ich kann Menschen um mich versammeln, denen ich erzähle, auch mir hören sie zu. Aber statt von Ort zu Ort zu ziehen, nie wissend, wen ich finden, wessen Ohren sich mir öffnen werden, statt im reinen Vertrauen auf meine Erzählung selbst zu leben, habe ich mich dem Papier verschrieben. Im Schutz von Tischen und Stühlen lebe ich nun, ein feiger Träumer, und sie im Gewühl des Marktes, unter hundert fremden Gesichtern, täglich wechselnd, von keinem kalten und überflüssigen Wissen belastet, ohne Bücher, Ehrgeiz und hohles Ansehen. Unter den Menschen unserer Zonen, die der Literatur leben, habe ich mich selten wohl gefühlt. Ich habe sie verachtet, weil ich etwas an mir selbst verachte, ich glaube, dieses Etwas ist das Papier. Hier fand ich mich plötzlich unter Dichtern, zu denen ich aufsehen konnte, weil es nie ein Wort von ihnen zu lesen gab.«

(Aus: »Die Stimmen von Marrakesch«, Fischer Taschenbuch 2103, 1990)

Wie soll man Geschichten erzählen?

Man bat einen Rabbi, dessen Großvater ein Schüler des Baalschem gewesen war, eine Geschichte zu erzählen. Und er erzählte: »Mein Großvater war lahm. Einmal bat man ihn, eine Geschichte von seinem Lehrer zu erzählen. Da erzählte er, wie der heilige Baalschem beim Beten zu hüpfen und

zu tanzen pflegte. Mein Großvater stand und erzählte, und die Erzählung riß ihn so hin, daß er hüpfend und tanzend zeigen mußte, wie der Meister es gemacht hatte. Von der Stunde an war er geheilt. So soll man Geschichten erzählen.«
(Eine chassidische Geschichte)

Ein irischer Erzähler

»Wieviel Dramatik, innere Wärme und Anschaulichkeit aber schon verlorengeht, wenn man eine erzählte Erzählung der Tinte oder der Druckerschwärze und dem Papier überliefert – von Übersetzungen in eine fremde Sprache gleich gar nicht zu reden –, davon kann sich nur eine Vorstellung machen, welcher das Glück gehabt hat, einem Geschichtenerzähler zu lauschen.
Ich denke dabei nicht so sehr an die Tage, an denen mein verstorbener Freund Séamus O'Casaide aus Teilinn (Donegal) mir seine Geschichten mit rührender Geduld Abschnitt für Abschnitt in die Feder diktierte, sondern vielmehr an jene selteneren Abende, in denen Séamus im Kreise einiger alter Nachbarn und Nachbarinnen am Kamin seine Erzählkunst ungehemmt entfalten konnte. Wie schwoll da bei Höhepunkten der Erzählung seine Stimme an, ja, wie arbeitete manchmal sein ganzer Körper mit. Als ob er nicht bloß der Erzähler, sondern ein Mitlebender und Mithandelnder sei; wie rollten die oft langen und dunklen alliterierenden und assonierenden Formeln dahin – und wie nahmen die Zuhörer an dem Ablauf teil, obwohl sie die Erzählung sicherlich schon öfter gehört hatten! Mit Seufzen und Stöhnen oder mit Schmunzeln und Lachen, mit einem Klatsch auf den Oberschenkel oder auch einem Zwischenruf und zum Schluß mit einem erleichterten Aufatmen begleiteten sie die Erzählung. Von alledem verrät der aufgenommene (gedruckte) Text nichts, geschweige denn eine Übersetzung.«

(Aus dem Vorwort zu »Diarmuid mit dem roten Bart«, Irische Zaubermärchen, Erich Röth-Verlag, Kassel, 1956.)

Der alte Cazaux aus der Gascogne

»Es drängt mich, zum Schluß, noch ein Wort über die Erzähler zu sagen, denen Bladé seine Geschichten verdankt. Es müssen begnadete Menschen gewesen sein, denn selten findet man auf einem landschaftlich so kleinen Raum so viele Märchen in innerster Vollendung und Konsequenz wiedergegeben wie dort. Es waren meist ältere Landarbeiter und Mägde, die erzählt haben, und es scheint auch, daß sie sich der Bedeutsamkeit ihrer Geschichten bewußt gewesen wären.

Einer ragt besonders aus ihnen hervor, der Vater Cazaux. Bladé erzählt in seiner Einleitung, daß dieser alte Mann nur die Hälfte von dem, was er wußte, weitergab, und die geheimnisvollsten Geschichten für sich behielt. Er führte Bladé stets hinaus in die Natur, setzte sich an einen abgelegenen Ort und erzählte erst, wenn er sich öfters umgeschaut und vergewissert hatte, daß kein unbefugter Mensch oder andere Wesen störte.

Er ist es auch der als eigenes Erlebnis seine Begegnung mit dem Grünen, dem Herrn der Vögel und der Luft, erzählt. Er erweist sich damit als ein in die Geheimnisse dieser Geschichten eingeweihter Mensch, der nur so viel in Erzählungsform bringt, als er für richtig hält. Ein wahrer Lehrer, so wie vielleicht unter den Katharern mancher alte ›Bonhomme‹ Kindern und Erwachsenen durch Märchen und Mythen Unterricht in geistigen Wahrheiten gegeben hat.«

(Konrad Sandkühler im Nachwort der von Jean François Bladé gesammelten und von Sandkühler übersetzten Märchen aus der Gascogne, »Der Mann in allen Farben«, Stuttgart 1972.)

Stimmen, die mich begleiteten

Sören Kierkegaard: Mensch und Sprache

»Mit Hilfe der Sprache partizipiert jeder Mensch am höchsten. Die Sprache ist eine Idealität, die jeder Mensch gratis hat. Aber in den Verhältnissen des Geistes ist niemals etwas so ganz ohne weiteres Gabe, wie es das Sinnliche sein kann; nein, im Geistesverhältnis ist immer die Gabe zugleich das Richtende, und durch das, was die Sprache oder was diese Idealität in seinem Munde wird, richtet der Mensch sich selber.«
(Zitiert nach Johannes Pfeiffer, »Dichten, Denken, Glauben«, Essays 1936–1966, Siebenstern-Taschenbuch Nr. 93, München/Hamburg 1967.)

Friedrich Wilhelm Schelling: Zur Interpretation

»Hier fragt es sich nicht, welche Ansicht muß von der Erscheinung gewonnen werden, damit sie irgendeiner Philosophie gemäß sich bequem erklären lasse, sondern umgekehrt: Welche Philosophie wird gefordert, um dem Gegenstand gewachsen zu sein? Nicht, wie muß die Erscheinung gewendet, gedreht, vereinseitigt werden, um aus Grundsätzen, die wir uns einmal vorgesetzt haben, erklärbar zu sein, sondern: Wohin müssen sich unsere Gedanken erweitern, um mit der Erscheinung im Verhältnis zu stehen?«
(Zitiert aus einer Besprechung des Buches »Achate« von I. Arnoth, Buch-Verlag Basler Zeitung, Birkhauser AG, durch Eva Wiese in »Die Christengemeinschaft«, Oktober 1987.)

Jean Paul:
Kind und Verstehen der Sprache

»Fürchtet keine Unverständlichkeit, sogar ganzer Sätze; eure Miene und euer Akzent und der ahnende Drang, zu verstehen, hellet die eine Hälfte, und mit dieser und der Zeit die andere auf. Der Akzent ist bei den Kindern wie bei den Chinesen und den Weltleuten die halbe Sprache [...] Vertrauet auf die Entzifferbarkeit der Zeit und des Zusammenhanges [...] Sprecht immer einige Jahre voraus (sprechen doch Genies in Büchern mit uns Jahrhunderte voraus) ...«
(Aus »Levana«, zitiert in Rudolf Steiner: Die Erziehung des Kindes vom Gesichtspunkt der Geisteswissenschaft«, 1974.)

Johann Wolfgang Goethe:
Zum Märchenverständnis

Mephisto zum Kanzler:

»Daran erkenn ich den gelehrten Herrn!
Was ihr nicht tastet, steht euch meilenfern,
Was ihr nicht faßt, das fehlt euch ganz und gar,
Was ihr nicht rechnet, glaubt ihr, sei nicht wahr,
Was ihr nicht wägt, hat für euch kein Gewicht,
Was ihr nicht münzt, das meint ihr, gelte nicht.«

(Aus Faust II, Kaiserliche Pfalz, 1. Akt.)

Pestalozzi:
Die Schale zu früh zerschlagen

»Die Natur hat die höheren Anlagen des Menschen wie mit einer Schale umhüllt. Zerschlägst du diese Schale, ehe sie sich selber öffnet, so enthüllst du eine unreife Perle und vernichtest den Schatz des Lebens, den du deinem Kinde hättest erhalten sollen.«

(Dies zum Verrat des Nachtgeheimnisses im »Borstenkind«, mitgeteilt von Edwin Kaufmann, Lehrer an der Lehrerbildungsstätte Bern-Ittingen, in Rüschlikon, 9.11.1985.)

Ukrainisches Sprichwort

Gott schicke
den Tyrannen Läuse,
den Einsamen Hunde,
den Kindern Schmetterlinge,
den Frauen Nerze,
den Männern Wildschweine

Uns allen aber einen Adler,
der uns auf seinen Fittichen
hinauftrage zu ihm.

(Aus: »Quellen russischer Weisheit«, Verlag Leobuchhandlung St. Gallen, 1977.)

Seneca

Nicht, weil etwas schwer ist, fürchten wir es;
sondern weil wir es fürchten, ist es schwer.

Marie von Ebner-Eschenbach: Zirlipinzigen

»Die Kinder gingen durch den Wald und sangen:

Zirlipinzigen,
Die Kleinwinzigen,
Zitteraalig netten,
Wenn wir sie nur hätten!
Mit den Vögeln fliegen sie,
Auf den Wolken liegen sie,
Schwimmen mit den Fischen;
Wer wird sie erwischen?

Sie sangen ihr Lied unverdrossen, fingen immer wieder von Anfang an, sobald sie damit fertig geworden waren.
›Was singt ihr da?‹ fragte ich, ›was soll denn das heißen?‹
Sie sahen mich an und lachten mich offenbar aus.
Ein Knabe sprach mit Überlegenheit:
›Was braucht es denn zu heißen?‹«
(Werke, Auswahl, K.I. Langewiesche, Königstein i.T./1953.)

Der griechische Erzähler Yoany endete immer mit den Worten:

»Dies ist meine Geschichte. Ich habe sie weder erdacht noch verändert, sondern ich habe sie erzählt, wie ich sie gehört habe. Ist sie wahr, so ist's eine wunderbare Geschichte, wenn sie nicht wahr ist, so ist's auch eine wunderbare Geschichte, und groß ist der Mann, der sie erdacht hat. Möge er einen warmen Platz im Himmel finden, an der Seite von Matthäus und Markus, Lukas und Johannes, die Gottesgeschichtenerzähler sind. Amen.«
(Quelle: Frau Lorenz, Besitzerin eines Spezialgeschäftes für Glaswaren, Freiburg, vermittelt durch Ingeborg Mau, vor 1980.)

Egon Friedell: Zu den Brüdern Grimm

»Die Brüder Grimm vereinigen die wärmste Einfühlung ins Objekt und das feinste Ohr für die Regungen der Sprache mit geduldigster Sorgfalt und mikroskopischer Strenge. Ihre ›Andacht zu dem Unbedeutenden‹, von Friedrich Schlegel verspottet, war nicht Pedanterie und Kleinlichkeit, sondern künstlerischer, ja fast religiöser Herkunft.«
(Kulturgeschichte der Neuzeit, 1960.)

Maurice Sendak: Zu den Brüdern Grimm

»Grimms Märchen sind der Grundriß für die meisten meiner Arbeiten. Ich bin fest überzeugt, daß man bei den Grimms die beste Art zu erzählen findet ... Ich verdanke den Grimms fast alles. Sie haben mich gelehrt, wie man Kinder erreichen kann, wie man schreibt.«
(In einem Fernsehinterview der ARD, am 5.6.1984.)

George Bernard Shaw:

»Ich halte Grimm noch immer für den unterhaltsamsten deutschen Autor.«
(Zitiert von Vilma Mönckeberg, Das Märchen in unserer Welt, Diederichs, 1972.)

Das Wort eines Kindes

Diesen Beitrag entnehme ich gekürzt dem Anhang von Charlotte Rougemonts Buch »... dann leben sie noch heute« (4. Auflage, S. 173; in späteren Auflagen nicht mehr enthalten). Zufällig lautet der Titel der Geschichte fast genau so, nur ein wenig vertauscht: »... und dann leben sie heute noch.«

»Meine kleine Tochter geht neben mir, ihre Hand ruht warm und vertraulich in meiner und ihr Mund redet unaufhörlich hundert bunte Dinge. Von einer Katze ist die Rede und von dem Butterbrot einer Schulfreundin [...] Das geht unaufhörlich so dahin. ›Aber Vater‹, sagt sie plötzlich, ›die ganz alten Märchen mag ich viel lieber als die neuen!‹ Es kam mir etwas unerwartet, denn ich dachte nicht daran, daß die Mutter ihnen gerade die Märchen von Brentano vorlas. Daher war ich ehrlich verwundert und meinte: ›Warum magst du denn die neuen Märchen nicht?‹ – ›Weil man da immer so denken muß, ich meine so komisch denken!‹ Natürlich war ich zu dumm für diese Weisheit und meinte: ›Braucht man denn bei den ganz alten Märchen nicht zu denken?‹ – ›Doch, doch – aber sie sind immer so, wie ich selber denke; das sind die anderen nicht!‹

Mir will scheinen, daß in diesem Falle die Kinderweisheit den Nagel auf den Kopf getroffen hat. Denn natürlich – Brentano und Andersen und gewiß auch Volkmann-Leander haben sich zu allererst etwas gedacht, wenn sie Märchen schrieben. Ihre Märchen sind gleichsam gefällige und bunte Kleider um ihre Gedanken. Und diese Gedanken – nun, es sind halt Gedanken, und wenn man sie oft genug gedacht hat, werden sie trocken und altbacken und man mag sie nicht mehr [...] Jene Märchen aber, die so sind, ›wie wir denken‹, sind anderer Art. Sie werden nicht gedacht, sondern wachsen und blühen in unseren Träumen. Und wenn es beginnt: ›Es war einmal ...‹, dann ist alles wieder da, und es blühen phantastische Blumen, die Bäume seufzen und die Tiere reden eine Sprache, die man versteht, und die Quelle murmelt dunkle und gütige Warnungen.«

(Jan Coster in »Christ und Welt«, 6.8.1953.)

Worte von Rudolf Steiner

Märchenstimmung:

»Es kommt an den Menschen heran, und überall ist heute zu fühlen, *wie* an den Menschen dieser Drang herankommt, wieder aufzusteigen in die Sphären der geistigen Welt. Da muß ein gewisser Übergang eintreten. Und es ist kaum durch etwas anderes dieser Übergang in leichterer Weise zu machen als durch eine sinngemäße Wiederbelebung der Märchenstimmung.
Die Märchenstimmung hat wirklich, rein äußerlich gesprochen, das an sich, was es dem Menschen der Gegenwart am allerleichtesten macht, seine Seele vorzubereiten auf das Erleben solcher Ereignisse, die hereinleuchten aus höheren, übersinnlichen Welten. Gerade die Art und Weise, wie das Märchen anspruchslos vor uns hintritt und zunächst nicht den Anspruch darauf macht, in irgend einem Zuge Abbild der äußeren Wirklichkeit zu sein, sondern wie das Märchen kühn sich hinwegsetzt über alle äußeren Gesetze der äußeren Wirklichkeit, gibt aus dem Märchen heraus die Möglichkeit, die menschliche Seelenstimmung vorzubereiten für das Wiederempfangen der höheren geistigen Welt.«
(»Symbolik und Phantasie mit Bezug auf das Mysterium ›Prüfung der Seele‹, Berlin, 19.12.1911, in: »Die Mission einzelner Volksseelen«, GA 127, 2. Aufl. Dornach 1989)

Durch alle Lebensalter hindurch

»Gerade die Natur des Märchenhaften bringt es mit sich, daß wohl Märchenerklärung und Märchen-Verstehen niemals die produktive Stimmung gegenüber dem Märchen zerstören können; denn derjenige, welcher vom Standpunkte der Geistesforschung zu den besagten Quellen vorzudringen ver-

sucht, findet etwas ganz Eigentümliches [...], nämlich, daß diese Quellen zur Märchendichtung eigentlich viel tiefer in der Menschenseele liegen als die Quellen der schaffenden und Geistiges genießenden Menschenseele, welche sich auslebt auch in den hinreißendsten sonstigen Kunstwerken, zum Beispiel in den erschütterndsten Tragödien. [...]
Was sich in den verschiedenen Märchen zum Ausdruck bringt, ist nicht dasjenige, in was der Mensch durch eine bestimmte Lebenssituation hineingebracht werden kann, ist nicht ein eng begrenzter Kreis menschlichen Erlebens, sondern etwas so Tiefes in den Erlebnissen der Menschenseele, daß es *allgemein* menschlich ist. [...]
Was im Märchen zum Ausdruck kommt, wurzelt so tief in der Seele, daß der Mensch das erlebt – gleichgültig ob er Kind im ersten Kindesalter ist, ob er Mensch in mittleren Jahren ist, oder ob er Greis geworden ist. Durch unser ganzes Leben zieht sich in den tiefsten Seelenerlebnissen dasjenige, was im Märchen zum Ausdruck kommt. Nur ist das Märchen von dem, was Erlebnis ist und als Erlebnis zugrunde liegt, ein freier, oftmals sogar spielerischer, bildhafter Ausdruck; und der Genuß, der ästhetische, künstlerische Genuß des Märchens ist von dem, dem das Märchen in den inneren Seelenerlebnissen entspricht, für die Seele vielleicht so weit entfernt – der Vergleich kann gewagt werden – wie etwa das Geschmackserlebnis der Zunge, wenn wir eine Speise genießen, entfernt ist von den verborgenen, komplizierten Vorgängen, welche diese Speise im Gesamtorganismus durchmacht, um ihrerseits zum Aufbau des Organismus beizutragen. [...] So ist das, was der Mensch im ästhetischen Genusse des Märchens erlebt, wohl weit, weit entfernt von dem, was in der menschlichen Seele – tief unten im Bewußtsein – geschieht, wenn das, was das Märchen von sich ausströmt und ausgießt, mit der menschlichen Seele sich verbindet, weil diese Seele ein untilgbares Bedürfnis hat, durch ihre geistigen Adern den Stoff des

Märchens rinnen zu lassen, wie der Organismus ein Bedürfnis hat, die Nahrungsstoffe, die Nahrungssubstanzen durch sich zirkulieren zu lassen.«

(»Märchendichtungen im Lichte der Geistesforschung«, Vortrag Berlin 6.2.1913, 5. Aufl. Dornach 1988)

Feurige Drachen

»In den alten Zeiten waren die religiösen Vorstellungen, auch Mythen und Märchendichtungen das, was den Seelen Licht gab für die Geisteswelt. Es ist leicht zu sagen, die Mythen und Märchen sind Vorstellungen, die den Kindheitsstufen der Menschheit entsprungen sind. Gewiß haben die Menschen den Engeln nicht physisch gegenübergestanden, von denen die Mythen und Märchen gesprochen haben. Aber mit dem Nachdenken durch Philosophie ist in der geistigen Welt nichts anzufangen. Dieses Wissen hat keine Bedeutung in den geistigen Welten.

Es ist leicht zu sagen, Märchen beruhen auf keiner Wahrheit. So gescheit ist der Geistesforscher auch immer gewesen, daß er gewußt hat, daß feurige Drachen nicht durch die physische Luft fliegen, aber gewußt hat er immer, daß die Imagination des feurigen Drachen zu bilden notwendig ist. Denn indem diese Vorstellung in der Seele ist, wirft sie Geisteslicht auf die geistige Welt. *Kraftvorstellungen* sind das. So sind alle Mythen beschaffen, weniger um äußerlich abzubilden, sondern um in der geistigen Welt wirklich leben zu können. [...]

Wer nicht vermag mit Vorstellungen zu leben, die für den physischen Plan *keine* Wirklichkeit haben, der stirbt für die geistige Welt. Und viele Philosophien, die sich nur stützen wollen auf den physischen Plan, sind Sterbemittel für die Seele. Aus der äußeren Evolution werden die Sterbemittel für die Seele. Die Menschheit muß kommen zu einem Urteil, das nicht gestützt ist

auf Äußeres, sondern sich in selbst sich stützt. Immer mehr muß sie kommen zu dem: Ich glaube, was ich weiß.«
(In: »Wie erwirbt man sich Verständnis für die geistige Welt?«, Notizen aus Vortrag Prag 17.4.1914, GA 154, 2. Aufl. Dornach 1985.)

Ein feiner geistiger Strom

»Wenn man nämlich in Bildern zu jemand spricht, dann wirkt auf diesen nicht bloß, was man sagt oder zeigt, sondern es geht von dem, der mitteilt, ein feiner geistiger Strom hinüber zu dem, dem die Mitteilung gemacht wird. Wenn der Mitteilende selbst nicht das warme gläubige Gefühl zu seinem Gleichnisse hat, so wird er keinen Eindruck auf den machen, an den er sich richtet. Man muß, um recht zu wirken, eben selbst an seine Gleichnisse als an Wirklichkeiten glauben. [...] Und dieser Glaube strömt wie in geheimnisvollen Strömungen vom Sprechenden zu dem Hörenden hinüber und bewirkt Überzeugung.«
(»Die Erziehung des Kindes vom Gesichtspunkte der Geisteswissenschaft«, Dornach 1973.)

Das Märchen vom Storch ist Bild einer Realität

»In unserer Zeit segelt die Menschheit im allgemeinen nach der entgegengesetzten Seite (nämlich weg von einer Bildhaftigkeit der Erziehung. Die Kinder werden zum Beispiel nicht angelogen durch das *Storchenmärchen*).
Es ist da nur ein Bild gebraucht, das wahrer ist als das, was die heutigen Menschen den Kindern beibringen wollen – daß nämlich das Kind nur von Vater und Mutter stammt. Das Storchenbild – oder irgend ein anderes – weist darauf hin, daß im Kinde etwas ist, was aus Wolkenhöhen herabkommt. Das Kind schaut

da in Regionen, die jenseits der Trivialität sind, und baut sich das auf, woraus künftig erst das herauswachsen soll, was spätere Wahrheit ist.

Das Storchenbild für etwas Unwahres zu halten, ist nur eine Phantasielosigkeit, eine Ohnmacht, für den Vorgang, der als Reinkarnation den Kindern nicht zu schildern ist, ein passendes Bild zu finden, diesen Vorgang in ein entsprechendes Bild zu kleiden.

Aber – wird heute eingewendet – die Kinder *glauben* heute *nicht* daran. Das kommt daher, weil die Menschen, die den Kindern so etwas sagen, selbst nicht daran glauben. Sobald man selber nicht an das glaubt, was das Bild ausdrückt, können auch die Kinder nicht daran glauben.

Und es ist eigentlich schön, dem Kinde zu sagen: Da wird gegeben ein Teil vom Vater und ein Teil von der Mutter, ein Drittes aber tragen aus Himmelshöhen andere Wesenheiten herunter, die in ihren Schwingen es tragen, es Vater und Mutter zutragend.

Wenn wir das sagen, so ist das Bild sehr zutreffend, und wir reden von einer Wahrheit.

Ein Kind, dem wir reiche, bildhafte Vorstellungen beibringen, wird in bezug auf die Verhältnisse des seelischen Lebens gefördert, und wir geben ihm den Segen einer weit in das Alter reichenden Jugendlichkeit mit. Dieses Bildhafte in der Erziehungstätigkeit, das vor allem auch dem Spiel zugrunde liegt, ist so unendlich wichtig.

Auch hier ist schon in *einem* Leben zu sehen, wie Karma wirkt. So wird Geisteswissenschaft, wenn sie eingreift in die Kultur, in der Art und Weise, wie das Leben gedeiht, heranblüht, ihre Wahrheit zeigen, während der Materialismus seine Unwahrheit daran zeigt, daß das Leben verödet, frühzeitig greisenhaft wird.«

(Rudolf Steiner, Vortrag Wiesbaden 7.1.1911, in »Die Mission der neuen Geistesoffenbarung«, GA 127, a.a.O.)

Stimmen zu Grausamkeit und Angst

»Manche modernen Kritiker lehnen bedauerlicherweise das Märchen deshalb ab, weil sie völlig falsche Maßstäbe an diese Literatur anlegen. Faßt man Märchen als Tatsachenberichte auf, so sind sie wirklich in jeder Beziehung empörend, grausam, sadistisch und alles Mögliche. Als Symbole psychologischer Ereignisse oder Probleme entsprechen sie jedoch der Wahrheit.«
(Bruno Bettelheim, »Kinder brauchen Märchen«, dva 1977.)

»Aber dieselben Gegner, die das Märchen als ›grausam‹ bezeichnen, bekämpfen gleichzeitig die Darstellung einer ›heilen Welt‹ in ihnen, während die realistischen Grausamkeiten in Comics und Film unbeanstandet bleiben. Man hat einzelne Märchen sogar nach Art einer Illustrierten-Reportage realistisch parodiert und sich nicht gescheut, sie pornographisch zu mißbrauchen.«
(Ludwig Dennecke, »Jacob Grimm und sein Bruder Wilhelm«, Sammlung Metzeler, Stuttgart 1971.)

»Hexen und Teufel und Bösewichter des Märchens sind für das Kind Bilder des Bösen, und es erlebt in ihnen die Gefährlichkeit des Bösen, erfährt aber auch, daß das Böse besiegt oder vielleicht sogar verwandelt werden kann.
Ein hübsches Beispiel für das echte und legitime Bedürfnis des Kindes nach einer Auseinandersetzung mit den gefährlichen Mächten im Bereiche der Phantasie bietet das Verhalten eines zweieinhalbjährigen Mädchens, dem man von der Begegnung Rotkäppchens mit dem Wolf im Wald erzählt, aber den weiteren Verlauf des Märchens vorenthalten hatte. Ein Bildchen, das das Mädchen beim Einkaufen erhielt, zeigte ihm dann den Wolf im

Bett der Großmutter, es wollte wissen, was das bedeute, und nun erfuhr es alles; in den folgenden Nächten schlief das Kind unruhig, und wenn es erwachte, sprach es vom Wolf. Man versuchte ihm die Angst zu nehmen, schnitt den Wolf aus dem Bild heraus und verbrannte ihn, sagte ihm auch, daß es heute gar keine Wölfe mehr gäbe, höchstens ganz weit weg in Rußland. Das Kind beruhigte sich.

Als ein paar Wochen später der Vater mit ihm in den Wald gehen will, bereitet die Mutter es vorsichtig vor: ›Jetzt gehst du mit Papa in den Wald zu den lieben Häslein.‹ Das kleine Mädchen zieht strahlend ab. Noch auf der Treppe des Hauses trifft ein älterer Hausbewohner die beiden Ausflügler. Er fragt die Kleine, wohin sie denn gehen wolle. Zur größten Überraschung des Vaters antwortet sie sofort und sehr bestimmt: ›In den Wald, zum Usslandwolf.‹

Diese von der Psychologin Josephine Bilz überlieferte Begebenheit macht deutlich, daß schon im kleinen Kind die Bereitschaft und also auch die Kraft da ist, dem Gefährlichen, dem Fürchterlichen zu begegnen. An der Hand des Vaters will das Kind nicht zu den harmlosen Häschen gehen, sondern zum Wolf.

Es wäre falsch, unsere Märchen für die Kinder von allen Grausamkeiten und Schreckfiguren zu reinigen. Im Märchen ist ja das alles nicht realistisch dargestellt, sondern figurenhaft, um so eher werden die bösen Figuren nicht als lebendige Menschen, sondern als Symbole des Bösen empfunden [...] Man spürt, es geht in den Märchen um die Darstellung wesentlicher Lebensvorgänge, Erprobung, Gefährdung, Untergang und Errettung, Entwicklung, Reifung, Entfaltung spielen sich in unwirklichen, aber eben deshalb faszinierenden Bildern vor uns ab.«

(Max Lüthi, »Es war einmal ... Vom Wesen des Volksmärchens«, Göttingen 1962, 3/1968.)

»Außerordentlich wichtig ist es aber – dieser Tatbestand wird meist übersehen –, daß es im Märchen auch immer einen gibt, der grausamen Befehlen nicht gehorcht (Schneewittchen: der Jäger). Immer wird ein Wesen da sein, das Erbarmen kennt, und diesem Wesen wird die Sympathie der Kinder gehören. In meiner langen Praxis als Märchenerzählerin haben sich die Kinder geändert. Vieles wird heute anders aufgenommen als einst, aber noch nie habe ich ein Kind gefunden, das auf der Seite des Bösen gestanden hätte.
Das Gerechtigkeitsgefühl des Kindes ist lange Zeit ziemlich unverborgen und echt. Es hat gut noch nicht mit vorteilhaft verwechselt, und das Märchen versucht zudem zu beweisen, daß vorteilhaft nicht gut ist. Wenn die Königin im Schneewittchen sich in glühenden Pantoffeln zu Tode tanzen muß, so wird kein Kind Mitleid mit der Königin empfinden, weil eine Frau, die dreimal (nein viermal) versuchte, ihr Kind zu töten, das Prinzip des Bösen ist, und weil das Kind den Untergang des Bösen verlangt.«
(Lisa Tetzner, »Aus der Welt des Märchens«, Münster 1965.)

»Das Kind erschrickt nicht vor den Grausamkeiten im Märchen, wie ihm die Erfahrung des Bösen noch fehlt. Darum realisiert es das Grausame nicht, wenn im Märchen davon die Rede ist. Es stellt sich die Qualen der Betroffenen gar nicht vor, braucht sie sich auch nicht vorzustellen, denn das Märchen beschreibt sie nicht, geht nicht ins Detail. Es nennt die Dinge nur knapp und kurz – man könnte sagen nüchtern –, ohne auf sie einzugehen. Dadurch verhindert das Märchen, daß sich die Kinder mit grausamen Vorgängen beschweren und dadurch unterscheidet sich das Märchen grundsätzlich von modernen Groschenheften, aber auch von zeitgenössischer Literatur und solchen Filmen, die dem Leser oder dem Zuschauer nichts an grausamen oder ekelhaften Einzelheiten ersparen und damit die Reaktionen gegen

das Üble abstumpfen. Das tun die Märchen nicht, sondern sie rühren an etwas ganz anderes im Kind, sie appellieren an seinen Gerechtigkeitssinn. Nur dem Bösen geht es am Ende schlecht, und das empfindet das Kind als natürlich und gerecht, besonders, wenn der Held vorher durch viele Leiden – von den Bösen angezettelt – hat gehen müssen.«
(Vilma Mönckeberg, »Das Märchen und unsere Welt«, Diederichs 1972.)

»Beim Erzählen kennt man die Geschichten ja, und man kennt auch die Kinder, die man vor sich hat, und weiß, was man ihnen zumuten kann. Aber das Märchenbuch der Brüder Grimm aufschlagen – irgendwo an einer beliebigen Stelle – und ein Märchen vorlesen, ohne es zu kennen, das ist unverantwortlich! Dabei kann man tatsächlich an Märchen geraten, die für die kleinen Leute – und noch dazu leicht erregbare – ganz und gar nicht bekömmlich sind. Manch eine Mutter, die auf meinen Rat hin das Grimmsche Märchenbuch anschaffte, hat trotz meiner Warnung diesen Fehler begangen, daraufhin das Buch empört zugeschlagen und mir bei nächster Gelegenheit erklärt: ›Sie mögen sagen, was Sie wollen – nie wieder Grimm!‹«
(Charlotte Rougemont, »... dann leben sie noch heute«, Münster, 4/1972.)

»Ich selber habe noch niemals bei all meinem vielen Erzählen Kinder erlebt, die die sogenannten ›grausigen‹ Gleichnisbilder nicht ertragen; wohl aber unzählige Erwachsene. Und ich bin überzeugt, daß in fast allen Fällen, in denen Kinder diese Stellen nicht hören wollten, die Erwachsenen daran schuld sind. Sie spiegeln ihre eigene Unsicherheit dem Kinde zu. Sie zaudern und stocken innerlich, wenn so ein Bild kommt, denn sie können mit ihrem Verstand nicht unmittelbar ein Bild als solches erfassen. Und das fühlt das Kind und übernimmt es mit jenem Wahr-

nehmungsvermögen, das dem Kinde eigen ist. Erwachsene wollen das nicht gern zugeben, aber es ist so. Das Kind übernimmt die Seelenhaltung und Meinung des Erwachsenen, bevor dieser sie ausgesprochen hat.
Es gibt nur eine Hilfe, selbst so durchtränkt sein von der Wahrheit des Bildes, daß die Kraft dieses Glaubens das Kind ergreift.«
(Friedel Lenz, »Das Grausige in den Märchen«,
»Die Kommenden«, Freiburg, 10.6.1960.)

Anmerkung zur Grausamkeit von Rudolf Geiger:

Es reizt hier, auch eine Art Gegenbeispiele anzuführen, wie mit einer Steigerung von Elementen der physischen Körperlichkeit Fülle hervorgerufen, ja, das alles Menschliche übersteigende Maß göttlicher Fähigkeiten dargestellt wird: in den Göttergestalten, von denen die Mythen der Völker berichten.
Wer hat nicht schon die Statue der Diana von Ephesus bewundert mit ihren überreichen Brüsten – den nie versagenden Quellen des Lebens?
Und kennen die Griechen nicht auch den Riesen Argus, den nie völlig schlafenden Wächter mit den hundert Augen?
Und hat nicht der römische Gott Janus ein Doppelantlitz, der Gott der Tür und des Tores: nach außen und innen schauend; oder auch mit den alten nach rückwärts ins Vergangene, mit dem jungen nach vorn in die Zukunft blickend? Das Alte verwahrend ist er der Gott des Neubeginns; mit ihm beginnt das Jahr.
In den indischen Tempeln und Tempelhöhlen finden sich Gottheiten, die sechs- und achtarmig ihren Segen spenden. Dem Gott Siva Nataraja (Gestalt in einer Höhle von Maisur aus der Zeit um 600) werden seine allübergreifenden Kräfte gar sechzehnarmig zugestanden. Es kreist rundum.

Die äußere Erscheinung zeigt sich als eine physisch unmögliche anatomische Abnormität; sie ist jedoch Ausdruck einer hohen geistigen Wertigkeit und Austrahlung. Man muß, um ihr Wesen zu erfassen, eine Schwelle überschreiten – das heißt umdenken lernen, daß die sichtbare Gegenstandswelt nicht die einzige ist; versuchen, von der Schöpferwelt etwas zu erahnen.

Auch die Märchen führen in diese andere Welt, die aber aufs innigste mit unserem Dasein verflochten ist. Wir sind uns dessen nur viel zu wenig bewußt.

Rudolf Geiger – Lebenslauf

Jürgen Janning

Rudolf Geiger wurde am 15. Oktober 1908 in Annweiler am Trifels in der Rheinpfalz als drittes von vier Kindern geboren. Die häuslichen Verhältnisse waren, wie man zu sagen pflegt, bescheiden. Der Vater ist Gendarm, später Lagerist in einer Emaillewarenfabrik. In dem streng katholischen Haus ist außer Gesang- und Gebetbuch nur eine dreibändige bayerische Geschichte vorhanden, an deren Strichzeichnungen das Kind sich erfreut. Literatur im eigentlichen Sinn gibt es im Elternhaus nicht; die Mutter liest nie ein Märchen vor, das Wort Märchen kennt sie gar nicht oder nur als etwas Heidnisches, von dem man sich fernzuhalten hat. Selbst biblische Geschichten lernt Rudolf Geiger erst im Religionsunterricht kennen. Gebetet hat die Mutter jeden Abend mit den Kindern, und »bet auch«, so hat sie bis ins Erwachsenenalter gemahnt.

Rudolf Geiger lebt in seiner Familie ganz im Rhythmus des katholischen Gemeindelebens, geht nicht nur sonntags zur Kirche, sondern wird während der Schulzeit auch zweimal wöchentlich zur Messe beordert. Der Schüler ist durchaus empfänglich für dieses Erleben, und als Neunjähriger wird er anläßlich einer Missionswoche von der Predigt eines Paters so angerührt, daß er selbst einem Orden beitreten will. Der Ortspfarrer schreibt dazu an ein Kloster in Schirnding, aber dort nimmt man erst Zehnjährige auf. So kommt es, daß der Knabe Rudolf nicht ins Kloster eintritt. Statt dessen geht er auf ein Gymnasium in Neustadt. Doch am Ende des zweiten Jahres erkrankt er an einer nicht rechtzeitig erkannten Blinddarmentzündung. Dies hält ihn über ein Vierteljahr aus der Schule, der Anschluß scheint verpaßt. Er kehrt nicht mehr auf das Gymnasium, sondern vielmehr in die Volksschule zurück, die er bis zum Abschluß der siebten Klasse besucht.

Welchen Beruf soll er nun ergreifen?
Der vier Jahre ältere Bruder ist damals bereits in Speyer auf dem Lehrerseminar, und so will auch der jüngere Lehrer werden. Die Eltern müssen hart sparen, um beiden diese Ausbildung zu ermöglichen, die auf sechs Jahre angelegt ist. Rudolf Geiger wohnt im Internat des Seminars.
Die Freizeit ist streng geregelt, es gibt nur Spaziergänge in kleinen Gruppen unter Aufsicht, aber wenn an den Samstagnachmittagen die Seminaristen sich frei in der Stadt ergehen dürfen, ist ihr größtes Vergnügen, heimlich ins Kino zu gehen, jene damals noch junge und exklusive Form der Unterhaltung.
Zu Beginn des vierten Seminarjahres – Rudolf Geiger ist noch keine siebzehn Jahre alt – entsteht in ihm der brennende Wunsch, Filmschauspieler zu werden. Auf Vater und Mutter kann er dabei nicht rechnen, und so wendet er sich um das nötige Geld an seinen Patenonkel. Dessen Antwort ist hinhaltend, aber der Junge berichtet dem Vater, der Onkel wolle die Schauspielschule bezahlen.
Indessen hat das erste Trimester des vierten Ausbildungsjahres im Lehrerseminar begonnen. Doch da kommt der Bruder, mittlerweile Junglehrer, mit der überraschenden Nachricht nach Speyer gereist, der Vater habe zugestimmt, daß Rudolf Schauspieler werden könne. Mit Stolz verabschiedet sich Rudolf Geiger von seinen Mitseminaristen mit den Worten, er trete jetzt in ein völlig anderes Leben ein, und bald könnten sie ihn auf der Leinwand bewundern.
Mit wenig Geld vom Vater ausgestattet, ohne zu wissen, wo er wohnen soll, besteigt Rudolf Geiger im September 1924 den Zug nach München. Noch im Zug nimmt sich seiner eine Pensionswirtin an, bei der er auf einem Feldbett die erste Nacht zubringt. Er meldet sich bei der soeben gegründeten Filmschule an, zögernd gewährt man ihm ein Stipendium. Aber zuerst einmal stürzt er sich in das eben beginnende Oktoberfest – und man

stiehlt ihm seine Brieftasche; alle Ausweispapiere und die gesamte Barschaft, die den bescheidenen Lebensunterhalt sichern sollte, sind dahin.
Was tun? Ein Brandbrief nach Hause lautet auf: »Schickt mir Geld!«, und der Vater schickt 25 Mark und schreibt: »Hier schicken wir Dir das Geld, mit dem kannst Du zurückfahren und Deine ausstehende Miete für Dein Zimmer noch bezahlen. Aber wenn Du nicht kommst, das ist das Letzte, was wir Dir geben, dann brauchst Du gar nicht mehr zu kommen.«

Auf das Lehrerseminar, von dem er sich so großartig verabschiedet hat, will er nicht zurück, und so gelangt der Siebzehnjährige zu dem kühnen Entschluß, zur Zeitung zu gehen. Beim Annweiler Tagblatt – einer kleinen Tageszeitung mit geringer Auflage, vier Seiten Umfang, mit einer Beilage vielleicht einmal sechs, am Wochenende acht Seiten, es ist eben das »Käsblättle« am Ort – fragt er an, und es heißt: »Du kommst wie gerufen!« Der Verleger hat noch eine kleine Akzidenzdruckerei, der er sich intensiver widmen will, und überläßt dem Siebzehnjährigen die Redaktion seiner Zeitung.
In gewisser Hinsicht ist das keine schwierige Aufgabe, denn der gesamt politische Teil, Nachrichten aus aller Welt und das Feuilleton werden jeden Morgen aus dem Mannheimer Pressebüro per Mater geliefert. Seine Aufgabe allerdings ist es, auszuwählen und die Schlagzeilen zu formulieren. Und: Rudolf Geiger obliegt die inhaltliche Gestaltung des Lokalteils, das heißt: Besuch aller möglichen Veranstaltungen – Vereinssitzungen, Konzerte, Theateraufführungen bis hin zur Ratssitzung. Damals noch ist eisernes journalistisches Gesetz, daß etwa nach einer Theateraufführung die Kritik am folgenden Morgen in der Zeitung erscheint, und so können wir den jungen Redakteur nicht selten um zwei Uhr nachts zur Druckerei stiefeln sehen, um sein »Nachtwerk«, die Kritik, den Bericht dem Setzer ins Fach zu

legen. Am Morgen sitzt er zeitig wieder in der Redaktion und organisiert alles; auch das Abzählen der Zeitungsexemplare und Verteilen an die Botinnen.

Zwar ist der Siebzehnjährige nicht zeichnungsberechtigt, diese Verantwortung liegt beim Verleger; aber faktisch gibt Rudolf Geiger während der vier Jahre seiner Redaktionstätigkeit die Zeitung selbständig heraus. Eine harte Schule, und manches Mal läuft er in den Wald hinaus und ruft laut: »Ich schreibe nicht mehr, ich will nicht, ich kann nicht!« So wird er aber über das Durchhalten dieser Arbeit zum leuchtenden Beispiel für autodidaktische Bildung und Meisterschaft.

Allerdings hat er sich im ständigen Umgang mit den konservativ-bürgerlichen Leuten seines Arbeitsfeldes zu einer Art »Edelkommunisten« entwickelt und spricht sich einmal auf einer Wahlversammlung der Deutschnationalen Partei in fünf Minuten um Kopf und Kragen. Der gegnerische Landestagsabgeordnete, der sich über den kühnen Jüngling kundig gemacht hat, erhebt sich und erwidert mit spitzer Zunge: »Ich höre da ein Violinchen piepsen.« Heute eine heitere Anekdote, aber der Verleger, selbst Mitglied dieser Partei, zieht Geiger zur Rechenschaft. Sein Vater wird zum Chef, dem Vorsitzenden der Partei, zitiert, ja, verliert sogar seine Stelle, was er dem Sohn oft vorhält.

Diesen hält es nicht länger in Annweiler. Geiger heiratet, ohne Zustimmung der Eltern übrigens, denn wieder stimmen die Konfessionen nicht. Sie heißt Helma, ist eine ausgebildete Geigerin, und mit zwei Koffern fährt das Paar in seine Zukunft.

Aber noch aus einem anderen Grund drängt es Rudolf Geiger aus dem kleinen Städtchen Annweiler: Der jetzt zwanzigjährige Redakteur lernt auf einer Bilderausstellung deren Initiator, den Lehrer Philipp Steiner kennen, kommt mit ihm ins Gespräch und ist fasziniert: »Ich spreche aus der Anthroposophie, wenn

Sie mehr darüber wissen wollen ...« Dem jungen Mann eröffnet sich hier ein Weltbild ungeahnter Dimension, das er bei regelmäßigen Besuchen des Lehrers Steiner begierig studiert. Die von diesem Andersdenken alarmierten Eltern ziehen den Pfarrer zu Rate: : »Was ist das, Anthroposophie?« – »Das ist das neue Heidentum!« Und eigens für Rudolf Geiger hält der Pfarrer eines Sonntagsmorgens eine Predigt über die Anthroposophie, das neue Heidentum.

Auch dies treibt den arbeitslosen Rudolf Geiger aus Annweiler davon. Er folgt Steiners Rat: »Schreiben Sie einmal an Dr. Husemann, der sucht Mitarbeiter für seine neue anthroposophisch-psychiatrische Privatklinik in Buchenbach.« Rudolf Geiger schreibt ihm um Ostern 1930, bekommt aber erst im September Antwort: »Lieber Herr Geiger, Sie schrieben mir Ihren Bewerbungsbrief, Sie können stenographieren. Ich möchte gern am Isenheimer Altar in Colmar einen Vortrag halten. Könnten Sie am Mittwoch, dem soundsovielten, vormittags zehn Uhr dort sein, dann könnten Sie meinen Vortrag aufnehmen. Mit freundlichen Grüßen Friedrich Husemann.«

Mit seinen letzten zwanzig Mark führt Rudolf Geiger nach Colmar und – auf den Stufen des Isenheimer Alters sitzend – schreibt er mit, was Husemann in einer Art Bildbetrachtung erläutert. Husemann ist mit der Mitschrift seines Vortrags zufrieden, und Geiger wiederholt den Wunsch, sein Mitarbeiter werden zu dürfen. Dem steht entgegen, daß er verheiratet ist, seine Frau erwartet zudem ein Kind, und darauf ist die Klinik räumlich und finanziell nicht eingerichtet. Aber Geiger läßt sich nicht so leicht abweisen, und Dr. Husemann engagiert ihn probeweise für sechs Wochen. Aus diesen sechs Wochen werden 28 Jahre mit Dr. Husemann und 43 Jahre im ganzen, und bis zu seinem Tod hat Rudolf Geiger in dem nahegelegenen Häuschen in Wiesneck gewohnt, das er 1939 beziehen konnte und in welchem die sieben Kinder groß geworden sind.

Friedrich Husemann, 1887 geboren, 21 Jahre älter als Rudolf Geiger, wird die wesentliche führende Persönlichkeit seines Lebens, sein geistiger Vater. Als dessen Sekretär wächst er in die Verwaltung des Sanatoriums hinein, und bald gestalten und prägen Geiger und »Geigerin«, angeregt durch die sprühende Persönlichkeit Husemanns, das kulturelle Lebens des Sanatoriums.

Hier nun beginnt die Beschäftigung Rudolf Geigers mit den Märchen. Seinen Kindern erzählt er sie, ihre Schlafplätze schmückt er mit kleinen Märchenbildern aus selbstklebendem Buntpapier, und er verfaßt seine ersten Märchenpuppenspiele – »Rumpelstilzchen«, »Der gute Handel« und andere –, die den Patienten und Gästen des Sanatoriums mit eigens gefertigten Handpuppen eines Wiesnecker Puppenbauers vorgeführt werden. Doch als nach drei Jahren der Puppenbauer aus Wiesneck fortgeht, ist Rudolf Geiger auf sich allein gestellt. Da entsinnt er sich seines Schattentheaters vom »kleinen Muck«, das er als Sechzehnjähriger aus einem Schuhkarton gebaut und mit dem er die Eltern und Nachbarskinder in Staunen versetzt hatte. 1933, bei einem Besuch zu Hause, nimmt er die Figuren, seinerzeit nach einer Märchenbuchillustration durchgepaust und mit Mutters Haushaltsschere ausgeschnitten, mit nach Wiesneck und beginnt hier, den kleinen Muck mit seinen Figuren neu zu gestalten: ein kleines Format noch, schwarz-weiß – in einer Szene kann die Figur des kleinen Muck dank einer einfachen Drahtmechanik eine Verbeugung ausführen – dies ist das erste Schattenspielmärchen, das Rudolf Geiger seinen Kindern vorführt und, selbstverständlich dann auch den Sanatoriumsgästen.

Als nächstes folgt das Grimmsche Märchen »Der Trommler«, das er in mehr als dreijähriger Arbeit in Bilder umsetzt. Im Laufe von dreißig Jahren, 1934 bis 1964, entstehen nach und nach großformatige farbige Märchentransparente in einer eigenständig entwickelten Technik aus geschichteten Seidenpapieren,

manche Märchen bis zu 25 Szenen umfassend, die er den Patienten nach dem Prinzip der Laterna Magica vorführt und dazu selbstverständlich auch die Märchen erzählt.
Diese Veranstaltungen finden lebhaften Anklang, und zudem erweist sich ihre beruhigende Wirkung auf die Patienten. Gleichwohl fehlt die Förderung von außen, und es bleibt eine Freizeit-Passion, nicht selten gegen den leisen Widerspruch seiner Frau: tagsüber sei er mit der Klinik verheiratet und bis in die Nacht hinein beschäftige er sich mit seinen Transparentbildern. Doch auch sie läßt von ihrem kulturellen Engagement in der Klinik nicht ab.
Die in der bildnerischen Umsetzung begründete und auch erzählerisch ausgiebige Beschäftigung Geigers mit ein und demselben Märchen über lange Zeit führt zur Verinnerlichung, ja Einverleibung der Märchen, macht sie ihm zum ureigenen Besitz, aus dem heraus er sie je und je wie neu geschaffen, wie eben erfunden, mit großer Imaginationskraft erzählt.
In einer Auseinandersetzung mit dem Märchen geht es aber nicht allein um die Gliederung in Erzähl- und Bildsequenzen, es geht auch um den sprachlichen Zugriff:

»Schläft ein Lied in allen Dingen,
Die da träumen fort und fort,
Und die Welt hebt an zu singen,
Triffst du nur das Zauberwort!«

heißt es in Eichendorffs »Wünschelrute«. Und wie ein Rutengänger spürt der Erzähler der Sprache nach, auf daß sein Märchen, das ja in der Tat zwischen zwei Buchdeckeln wie ein Geheimnis träumt, Gesang werde. Und Rudolf Geiger erfährt, was andere natürlich auch beglückt mit den Kinder- und Hausmärchen erfahren haben: daß die Brüder Grimm hoch sensible Rutengänger waren, das Zauberwort so zu treffen wußten, daß man es besser kaum sagen kann. Aber es ist nicht damit getan, das Grimmwort einfach auswendig zu lernen. Nur über ein *par cœur* steigt es wie eigen aus dem Inneren des Erzählers auf. Dies war auf dem Straßburger Kongreß 1978 der Europäischen Märchengesellschaft mein erster, bewegender Eindruck von dem mir bis dahin unbekannten Erzähler Rudolf Geiger: Da erzählt einer, der hat seine Märchen nicht aus dem Buch, er hat sie selbst erlebt, er erlebt sie im Augenblick des Erzählens, und aus diesem Erleben schöpft er seine Sprache. Und es war die Sprache der Brüder Grimm.

Etwa 70 Volksmärchen umfaßt das Repertoire Rudolf Geigers, die Hälfte aus den Kinder- und Hausmärchen, die andere Hälfte sind Märchen aus aller Welt, wobei seine besondere Liebe den chinesischen Märchen gilt. Bei Märchen, die uns lediglich in Übersetzungen, nicht selten in einer Sprache von papierener Sprödigkeit vorliegen, ist sprachlicher Spürsinn des Märchenerzählers besonders gefordert: Gut, wenn er bei den Grimms in die Schule gegangen ist! Und dennoch oder vielleicht gerade darum nicht etwa aus deutschem Gemüte singt, sondern den Ton der fremden Kultur erklingen lassen kann. Eine Herausforderung, der sich Rudolf Geiger mit immer großer Sensibilität gestellt und gewachsen gezeigt hat.

Seinen ersten märchenkundlichen Vortrag hält Rudolf Geiger 1954, mehr als zwanzig Jahre nach dem Beginn der Beschäftigung mit dem Märchen, doch ist das Erzählen immer Ausgangs- und Mittelpunkt seiner Leitfragen, die er bei seinen Betrachtungen an das Märchen und seine Hörer richtet. Durch die öffentliche Wirksamkeit Friedrich Husemanns methodisch geschult, nennt Rudolf Geiger seine Ausführungen »meditative Selbstgespräche«. Wer sich in diese Selbstgespräche einhört, dem tun sich überraschende Erhellungen des Märchengeheimnisses auf; wer mit Geiger die Sprache ernst nimmt und sie aus ihrer Bildhaftigkeit heraus versteht, wird zu erstaunlichen Einsichten geführt. Daß das in Geigers Deutungen aufscheinende Menschen- und Weltbild der Anthroposophie verpflichtet ist, mag manchen aufhorchen lassen, vielleicht befremden, gar zu heftigem Widerspruch reizen. Aus Spruch- und Widerspruch aber wächst das lebendige Gespräch, und in Rudolf Geiger haben wir keinen Dogmatiker vor uns, sondern einen, der sich »auf dem Weg« befindet und gern mit uns am Scheideweg innehält, um zu sehen, wohin die Deutungsreise geht. »Das echte Märchen wird immer neue Deutungen zulassen – und alle überstehen«, sagt er dazu.

Bis zu seiner Pensionierung war Rudolf Geiger als Geschäftsführer in leitender Stellung in der Friedrich-Husemann-Klinik in Wiesneck tätig. Man muß die Klinik gesehen haben, die Versammlung der unterschiedlichen Häuser zu Füßen der Burgruine Wiesneck, in einem stattlichen Park mit exotischen Bäumen gelegen, fast eine kleine Gemeinde für sich, das Michaelshaus, das während seiner Verwaltungszeit gebaut wurde: – eine Klinik mit 100 Patienten und 130 Mitarbeitern, die einzige freie, gemeinnützige Privatklinik in Baden-Württemberg, die im Rahmen des Krankenhausfinanzierungsgesetzes anerkannt ist, um zu erfahren, daß immense Arbeit permanent zu leisten war, um eine solche Anstalt nicht nur zu erhalten, sondern auch fortzuentwickeln. Und dies in den dunklen Jahren der Nazi-Herrschaft, des Krieges und der Nachkriegszeit.

Den Krieg hat Rudolf Geiger, wegen der Kinderzahl zurückgestellt, erst ab Februar 1941 als aktiver Soldat in Frankreich erlebt. Im Februar 1945 muß er unmittelbar an die Front, die aber liegt damals schon am Rhein bei Breisach, und als für Rudolf Geiger der Krieg zu Ende ist, befindet er sich drei Wegstunden von Buchenbach entfernt.

Ende Juli 1945 – bis dahin ist, nach dem schweren Bombardement auf Freiburg im November 1944, ein Teil der Universitätsklinik in Wiesneck untergebracht – tritt Rudolf Geiger wieder in das Sanatorium ein.

1959 stirbt Dr. Husemann. Die folgenden vierzehn Jahre bis zu seiner Pensionierung 1973 ist Rudolf Geiger Geschäftsführer der Klinik. Danach widmet er sich fast ausschließlich dem Märchen.
1980 muß er Abschied nehmen von seiner Frau Helma. Seine zweite Frau, Annemarie Geiger – die Liebe zu den Märchen hat sie zusammengeführt, sie ist selbst Erzählerin – trägt in Gesprächen Wertvolles zu seiner Veröffentlichungsarbeit bei. Sie stand an seiner Seite bis zum letzten Tag seines Lebens. Am 31. August 1999 hat Rudolf Geiger sein Erdenleben beendet.

Werke von Rudolf Geiger

Märchenkunde. Mensch und Schicksal im Spiegel der Grimmschen Märchen, 3. Aufl. Stuttgart 1992. (Zusammenfassung und ergänzte Neubearbeitung der Titel »Mit Märchensöhnen unterwegs« (1968) und »Mit Märchen im Gespräch« (1972).

Märchenkunder neue Folge. Zwölf Betrachtungen zu den Grimmschen Märchen, Stuttgart 1991.

Märchen der Völker in Ost, West, Nord, Süd. Sechzehn Märchen und deren Betrachtung, Stuttgart 1992.

Der Teufel mit den drei goldenen Haaren. Märchenbilderbuch nach dem Text der Brüder Grimm, Pro juventute 1992.

Goethes Märchen. Bilder einer konkreten Utopie, Stuttgart 1993.

Die zwei Brüder. Studie zu einem Märchen der Brüder Grimm, Stuttgart 1994.

Rückblick in mein Leben. Hrsg. von Annemarie Geiger, Borchen 2002.

KARIN RIENIETS

Gestalten nach Märchen und Geschichten

Malen, formen und gestalten
mit 4- bis12-jährigen
48 Seiten, farbig illustriert, Broschur

Kinder lieben Märchen und Geschichten und brauchen sie auch. Sie stärken ihre Vorstellungskraft und Erlebnisfähigkeit. Märchenfiguren oder -motive bildnerisch zu gestalten, gibt ihnen die Möglichkeit, sich aktiv mit den inneren Bildern zu verbinden.
Das Buch gibt zahlreiche Anregungen – die farbig bebilderten Beispiele reichen von Motiven der Brüdern Grimm bis zu Astrid Lindgren.

Inhalt

Gestalten nach Märchen und Märchenmotiven

- Sterntaler   Aquarell / Auswaschtechnik
- Knusperhaus und Hexe   Wachsfolien/ Knetwachs
- Schneewittchen und die sieben Zwerge   Knetwachs
- Das verwunschene Schloss   Wachsmalfarben/ Spritztechnik
- Ein Kleid aus Gold und Silber   Wachsfolienrelief

Gestalten nach Geschichten und Fabeln

- Der Kasper kommt   Knetwachs/ Filz
- Pippi Langstrumpf tanzt   Papierschnitt/ Fingerdruck
- Peter und der Wolf   Streichholzschachteln
- Der Rabe und der Fuchs   Kartondruck
- Der Pfau und die Dohle   Wachsmalfarben/ Schmelztechnik

Michaela Glöckler

Kindsein Heute

Schicksalslandschaft aktiv gestalten
Umgang mit Widerständen –
ein salutogenetischer Ansatz
120 Seiten, Broschur

Kindsein heute birgt viele Chancen, aber auch besondere Probleme. Noch nie hat man so viel über die kindliche Entwicklung gewusst, so differenzierte Förderungsmöglichkeiten gehabt wie heute.
Die Schwierigkeit liegt darin, dieses Wissen umzusetzen.
Ein zweites Motiv, was zu den Chancen von Kindheit heute gehört, ist das neue Paradigma der »Salutogenese«, das von der Frage ausgeht:
Was sind die Bedingungen für Gesundheit?
Dieses Prinzip kann zu ganz neuen Strategien in der Gesundheitsvorsorge führen. Gesundheit beweist sich an der Überwindungsfähigkeit von Krankheitstendenzen, fremden Einflüssen, von Attacken.
Wie kann man den Organismus in seiner Selbstregulation schon von Anfang an so unterstützen,
dass er ein starkes Immunsystem entwickelt und regulieren lernt?
Die Autorin zeigt auf, wie man im Laufe von Kindheit und Jugend spirituelle Widerstandsressourcen bilden und Bewältigungsstrategien aufbauen kann, die es ermöglichen, in konstruktiver Weise mit Konflikten und Problemen fertigzuwerden.

Olaf Koob

Das Verletzte Gemüt

Ursachen und Behandlung von Nervosität, Hyperaktivität und Aufmerksamkeitsstörungen
Salutogenetische Aspekte zur Situation der Gegenwart
192 Seiten, Broschur

Nervosität als Zeitkrankheit

Die vielen Spielarten der Nervosität in seelischer und körperlicher Hinsicht sind zweifellos zu einer modernen Seuche geworden und haben längst die ehemals geschützten Bastionen der Kindheit erreicht. Zunehmend feststellbare Aufmerksamkeitsdefizite und Hyperaktivität haben zur Folge, daß immer mehr Kinder unter Beruhigungsmittel gestellt werden. Hier müssen andere Therapieformen entwickelt werden, die auf die Urqualitäten der Pädagogik zurückgreifen. Ausgehend von der Frage, wie wir unsere Kinder schon vom Mutterleib an gesund erziehen können, gibt Olaf Koob aus medizinischer und pädagogischer Sicht zahlreiche Hilfestellungen und praktische Hinweise.

»Es ist mein Anliegen, darzustellen, wie die überflutenden Sinneseindrücke der heutigen Zeit in richtiger Weise verdaut werden können, damit das Kind Interesse für die Welt bekommt, damit sein Gemüt angesprochen wird und so ein seelisches Gleichgewicht zwischen gedanklicher Konzentration und körperlicher Aktivität geschaffen wird.« Olaf Koob

Mayer

Bibliographische Information Der Deutschen Bibliothek
Die Deutsche Bibliothek verzeichnet diese Publikation in der Deutschen Nationalbibliografie; detaillierte bibliografische Daten sind im Internet über http://dnb.ddb.de abrufbar.

ISBN 3-932386-68-X

Umschlaggestaltung: Brigitte und Hans Peter Willberg, Eppstein
Typographie: Hans Peter Willberg, Eppstein und Iga Bielejec, Nierstein
Satz: Iga Bielejec, Nierstein

Druck: fgb · freiburger graphische betriebe